BEI GRIN MACHT SICH IHR WISSEN BEZAHLT

- Wir veröffentlichen Ihre Hausarbeit, Bachelor- und Masterarbeit

- Ihr eigenes eBook und Buch - weltweit in allen wichtigen Shops

- Verdienen Sie an jedem Verkauf

Jetzt bei www.GRIN.com hochladen und kostenlos publizieren

Mathis Zimmermann

Konzipierung und Implementierung einer Software für die Diagnose von Perfusionsdefekten in der Myokardialen Kontrast-Echokardiographie

GRIN Verlag

Bibliografische Information der Deutschen Nationalbibliothek:

Die Deutsche Bibliothek verzeichnet diese Publikation in der Deutschen National-
bibliografie; detaillierte bibliografische Daten sind im Internet über http://dnb.d-
nb.de/ abrufbar.

Dieses Werk sowie alle darin enthaltenen einzelnen Beiträge und Abbildungen
sind urheberrechtlich geschützt. Jede Verwertung, die nicht ausdrücklich vom
Urheberrechtsschutz zugelassen ist, bedarf der vorherigen Zustimmung des Verla-
ges. Das gilt insbesondere für Vervielfältigungen, Bearbeitungen, Übersetzungen,
Mikroverfilmungen, Auswertungen durch Datenbanken und für die Einspeicherung
und Verarbeitung in elektronische Systeme. Alle Rechte, auch die des auszugsweisen
Nachdrucks, der fotomechanischen Wiedergabe (einschließlich Mikrokopie) sowie
der Auswertung durch Datenbanken oder ähnliche Einrichtungen, vorbehalten.

Impressum:

Copyright © 2001 GRIN Verlag GmbH
Druck und Bindung: Books on Demand GmbH, Norderstedt Germany
ISBN: 978-3-640-32867-3

Dieses Buch bei GRIN:

http://www.grin.com/de/e-book/119266/konzipierung-und-implementierung-einer-
software-fuer-die-diagnose-von-perfusionsdefekten

GRIN - Your knowledge has value

Der GRIN Verlag publiziert seit 1998 wissenschaftliche Arbeiten von Studenten, Hochschullehrern und anderen Akademikern als eBook und gedrucktes Buch. Die Verlagswebsite www.grin.com ist die ideale Plattform zur Veröffentlichung von Hausarbeiten, Abschlussarbeiten, wissenschaftlichen Aufsätzen, Dissertationen und Fachbüchern.

Besuchen Sie uns im Internet:

http://www.grin.com/

http://www.facebook.com/grincom

http://www.twitter.com/grin_com

Fachhochschule Stralsund

- Fachbereich Elektrotechnik und Informatik -

DIPLOMARBEIT

Zur Erlangung des Akademischen Grades

Diplom Ingenieur (FH)

Im Studiengang Technische Informatik

Thema:

Konzipierung und Implementierung einer Software für die Diagnose von Perfusionsdefekten in der Myokardialen Kontrast-Echokardiographie

---

Eingereicht am 06.04.2001

Von:

Mathis Zimmermann

Inhalt

Abkürzungsverzeichnis

Abkürzung	Bezeichnung
ASE	American Society of Echokardiography
ATL	Advanced Technology Laboratories
CA	Contrast Agent
EKG	Elektrokardiogramm
FDA	Food and Drugs Administration
GUI	Benutzeroberfläche
IPL	Image Processing Library
ISO	Interantional Standards Organization
MBF	Myokardialer Blutfluss
MBV	Myokardiales Blutvolumen
MFC	Microsoft Foundation Classes
MI	Mechanischer Index
MKE	Myokardiale Kontrast-Echokardiographie
MOC	Meta Object Compiler
MPI	Mittlere Pixelintensität
MRT	Magnet-Resonanz-Tomographie
MV	Geschwindigkeit der Mikrobläschen (von engl.: Microbubble Velocity)
MVC	Model-View-Controller
OOA	Object Oriented Analysis
PI	Impulsintervall (von engl.: Pulsing Intervall)
ROI	Region of Interest
RSK	Rückstreukoeffizient
TPMS	TomTec Project Management System
UI	User Interface
UML	Unified Modelling Language
US	Ultraschall
VI	Videointensität

III

Abbildungsverzeichnis

Tabellenverzeichnis

1 Einleitung

Ultraschall (US) besitzt im klinischen Alltag seit Jahren eine enorme Bedeutung, um das Innere des menschlichen Körpers auf Unregelmäßigkeiten zu examinieren. Gegenüber herkömmlichen bildgebenden Modalitäten, wie z.b. Magnet-Resonanz- Tomographie (MRT), Computertomographie, Szintigraphie oder Angiographie, hat US viele Vorteile. Er ist nicht-invasiv, belastet den menschlichen Körper nicht mit schädlicher Strahlung, benötigt kein aufwändiges technisches Equipment und ist im Routinebetrieb verhältnismäßig kostenarm. Zusätzlich kann US beispielsweise in der Intensivmedizin sehr leicht und vor allem schnell auf den Patienten angewendet werden, was die Erstellung einer lebensrettenden Diagnose erheblich beschleunigt. Bereits in den sechziger Jahren hielt die Ultraschalluntersuchung Einzug in die Kardiologie. Damals versuchte man, mittels einfachen M-Mode-Bildern Stenosen in Arterien zu lokalisieren. 1968 entdeckten Gramiak und Shah[15] bei der Angiographie des Aortenbogens, dass sich nach der intravasalen Injektion einer von Hand geschüttelten Salzlösung dessen Struktur besser abzeichnete. Einige Jahre später demonstrierten McKay und Rubissow[26], dass eine Lösung, die kleine Bläschen mit 1-10 μm Durchmesser enthält, durch ein Ultraschallgerät dargestellt werden kann. Ziskin et al.[43] und Meltzer et al.[27] zeigten nachträglich, dass der Ursprung dieses Effekts die luftgefüllten Mikrobläschen sind. Sie besitzen akustische Merkmale, die sich von umliegenden Gewebe und Flüssigkeiten unterscheiden und führen deshalb zu einer Kontrastwirkung. Die klinische Anwendung der Kontrast-Echokardiographie beschränkte sich dann jahrelang auf die Erkennung von Beipässen und Überprüfung deren Funktionsweise nach Operationen. Da durch Schütteln erzeugte Mikroblasen nicht dazu in der Lage waren, den Lungenkreislauf zu passieren, beschränkte sich die Visualisierung der linken Herzkammern und des Myokards lange Zeit auf die invasive Angiographie. Für die Bildgebung der Durchblutung des Myokards blieb nur die zusätzliche Methode der Szintigraphie, welche teuer und aufwendig ist und zudem den Patienten mit nicht unerheblichen Nebenwirkungen belastet. Erst in den letzten sieben Jahren wurden neue US-Kontrastmittel bis zur Marktreife entwickelt, die dazu in der Lage sind, den Lungenkreislauf unbeschädigt zu durchdringen. Gleichzeitig erschienen innovative bildgebende US-Verfahren, welche die Fähigkeit besitzen, die

Mikroblasen noch besser vom Blut zu differenzieren und demnach schärfer darzustellen. Momentan sprechen viele Ärzte optimistisch von einer neuen Ära der Visualisierung des Herzens, bei der simultan und nicht-invasiv myokardiale Durchblutung und Funktion in der klinischen Routine beurteilt werden können.

2 Problemstellung und Ziele der Arbeit

Wenn der Verdacht auf einen myokardialen Durchblutungsdefekt, eine Ischämie, besteht, durchläuft ein Patient in der Regel eine Kette von diagnostischen Methoden. Der Arzt wird zuerst ein Stress-Elektrokardiogramm (EKG) heranziehen, bei dem das Herz des Patienten durch körperliche Bewegung einer erhöhten Anstrengung ausgesetzt wird. Danach werden Unregelmäßigkeiten im EKG untersucht. Die Wahrscheinlichkeit auf ein positives Ergebnis beträgt jedoch nur 50% für Patienten, bei denen nur eine Arterie erkrankt und die dortige Stenose größer als 70% ist[4 ff]. Falls die Methode keine eindeutigen Rückschlüsse erlaubt, wird der Arzt ein Stress-Echokardiogramm anordnen. Bei dieser Methode wird die Herzfrequenz künstlich mittels des stresshormonähnlichen Wirkstoffes Dobutamin erhöht. Über den Umweg der Analyse der Wandbewegung des Herzens wird versucht, indirekt auf eine Ischämie zu schließen. Diese Analyse ist mit hohem Risiko für den Patienten verbunden, da zur Erkennung von pathologischen Bewegungsmustern der Blutfluss in einem Areal von mindestens 5% des Myokards auf 50% reduziert werden muss. Außerdem erfordert sie bei der Auswertung eine große Erfahrung des behandelnden Arztes und ist mit hoher diagnostischer Unsicherheit verbunden. Ist selbst dieses Ergebnis nicht zufriedenstellend, dann wird die Myokardiale Szintigraphie eingesetzt. Dabei wird dem Patienten eine radioaktive Substanz injiziert, die dann durch ein aufwändiges technisches Verfahren innerhalb des Myokards nachgewiesen wird. Trotz der langen Vorbereitungszeit (ca. 7 Stunden) und des hohen Preises (ca. 5.000 DM pro Untersuchung) ist die Szintigraphie heute der „Goldstandard" der Perfusionsdiagnostik, da Ischämien mit sehr hoher Genauigkeit und Sensitivität beurteilt werden können. Es existieren viele Situationen im klinischen Alltag, in denen die konventionellen Methoden nicht angewendet werden können. Denkbar ist z.B. ein Intensivpatient, dessen Bewegungsfreiheit eingeschränkt ist und der nicht in die enge Untersuchungsröhre eines MRT passt. Ein weiteres Beispiel ist ein Patient mit akutem Herzinfarkt, der keiner Stresssituation ausgesetzt werden darf. Als zusätzlicher Vorteil ergibt sich die vergleichsweise hohe Kostenarmut des US, denn eine Untersuchung mit Kontrastmittel kostet zur Zeit nur ca. 1.000 DM. Da US im Gegensatz zu herkömmlichen Methoden weitaus schonender auf den Patienten wirkt, ist er sehr gut für Verlaufsdiagnosen geeignet. Deshalb besteht ein klarer medizinischer Bedarf an einer bildgebenden Modalität für die myokardiale Perfusion, die sich aufgrund neuer Eigenschaften im bisher nicht abgedeckten klinischen Umfeld etablieren lässt. Hauptproblem ist der noch recht neue Ansatz der Myokardialen Kontrast-Echokardiographie (MKE) an sich. Hier ist bisher noch kein Durchbruch bei der Vorgehensweise erzielt worden und es existieren parallel vielfältige Methoden zur Erlangung einer Perfusionsdiagnose. Diese besitzen alle ihre Vor- und Nachteile und sind in mehreren Punkten recht gegensätzlich. Als Voraussetzung dieser Arbeit ist der Ansatz zur Evaluierung von US-Kontrastdaten von Dr. Sanjiv Kaul[1] angenommen[17]. Das Ziel ist es, den vorhandenen Ansatz sorgfältig zu analysieren und daraus eine brauchbare Methode zu abstrahieren, die es ermöglicht, sie innerhalb einer vorgegebenen Zeit erfolgreich zu realisieren. Es sollen die ersten Phasen der Softwareentwicklung bis hin zur Implementierung eines lauffähigen Prototypen durchlaufen werden. Der so konzipierte Prototyp soll vollständig in die Produktpalette der TomTec Imaging Systems GmbH integriert sein. Bestehende und bei der Entwicklung auftretende Probleme sollen komplett beschrieben und auch gelöst werden. Die Software muss in die vorliegende Produktstruktur eingepasst werden und existierende Routinen, Algorithmen und Klassenbibliotheken nutzen bzw. erweitern, so dass der dann vorliegende Prototyp mit geringem Aufwand zu Markreife gelangen kann. Die Software soll durch Auswertung vorliegender aufgezeichneter US-Clips dem Arzt eindeutig aufzeigen, in welchen Arealen des Myokards eine Ischämie vorliegt. Das bedeutet eine klare Abgrenzung gemessener Parameter von gesundem und nekrotischem Gewebe, jedoch ohne klinische Erhebung. Dabei sollen weitreichende Automatisierungen den Arzt in der Routinearbeit unterstützen. Ein plausibles Ergebnis der Messungen und eine klare Ablauforganisation besitzen oberste Priorität. Demgegenüber tritt die Erstellung eines vollständigen und abgerundeten Softwarepaketes in den Hintergrund, der Prototypenstatus soll nicht verlassen werden.

---

[1] Cardiovascular Division, University of Virginia School of Medicine, Charlottesville, USA

9

3 Medizinische und physikalische Grundlagen des Kontrast-Ultraschalls

3.1 Kontrastmittelapplikation

Alle verschiedenen Kontrastmittel für US interagieren als integraler Bestandteil mit dem bildgebenden Prozess. Für eine weitere effektive Betrachtung ist ein Grundverständnis dieser Interaktion unabdingbar. Kenntnisse über Grundlagen der US-Technik werden jedoch vorausgesetzt.

3.1.1 Motivation für Kontrastmittel in der Echokardiographie

Grundlagen

Es ist bekannt, dass Blut auf Ultraschallbildern schwarz erscheint. Dies ist nicht dadurch begründet, dass Blut kein Echo produziert. Der von den roten Blutzellen reflektierte Schall ist einfach zu schwach (1.000 bis 10.000 mal schwächer als der von festem Gewebe), um bei den üblichen geringen diagnostischen Frequenzen von 1 bis 3 MHz, in der im Bild dargestellten Bandbreite von empfangenen US-Impulsen zu erscheinen. Die Hauptaufgabe eines Bildes bei einer US-Untersuchung des Herzens besteht in einer klaren Identifikation von Konturen, besonders der zwischen Blut und Myokard. Die Identifizierung der vollständigen Umrisse des Endokards ist beispielsweise ein wichtiger Teil jedes Stress-Echokardiogramms und der dazugehörigen Wandbewegungseinschätzung[2]. Obwohl sich bei einigen Patienten diese Kontur von allein klar abzeichnet, ist bei vielen anderen, durch die Präsenz von sogenannten künstlichen Echos, das Endokard kaum zu definieren. Diese Echos, welche häufig eine Folge der Schallreflexion zwischen *Transducer*[3] und Brustbereich des Patienten oder der Ablenkung des US-Strahls auf seinem Weg zwischen den Rippen sind, reduzieren letztendlich den Kontrast zwischen Blut und Gewebe. Wenn man das Echo des Blutes durch Beigabe von Kontrastmittel, einem sogenannten Contrast Agent (CA), erhöht, dann kann das Blut in den Herzkammern sichtbar über den Artefakten wiedergegeben werden. Da das Echo homogener als das der

---

[2] Ischämische Regionen implizieren eine sichtbar eingeschränkte Bewegung des Endokards.
[3] engl.: Schallkopf

Herzwand ist und das tragende Medium diese zusätzlich umströmt, leidet das Bild nicht an den zuvor erwähnten Artefakten. Es zeichnet sich eine klare Kontur ab, welche sich deutlich vom dunkleren Bereich des Endokards abgrenzt (→ Abbildung 3-1).

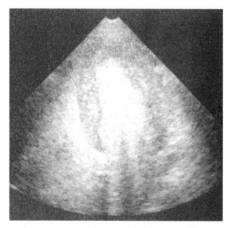

Abbildung 3-1: Kontrastverstärktes harmonisches Bild des linken Ventrikel

Wenn nun das Echo des Blutes durch einen CA erhöht wird und somit große Blutgefäße besser dargestellt werden können, welchen Effekt hat dann der CA auf das Mikrogefäß-system des Myokards?

Der Muskel selbst erscheint dunkel auf dem US-Bild, so dass eine geringfügig gestei-gerte Helligkeit innerhalb des mikrovaskulären Systems zu erwarten wäre, die, falls sie detektierbar ist, die Möglichkeit zur Bestimmung der relativen Durchblutung innerhalb des Myokards eröffnet. Mit herkömmlichen Technologien war es nicht möglich, den geringfügigen Anstieg der Signalintensität zu detektieren. Mit speziellen Methoden wird eine Myokardiale Perfusionsbildgebung mittels US jedoch möglich.

Physiologie und Pathophysiologie Myokardialer Perfusion

Das Ziel der Quantifizierung myokardialer Perfusion ist es, zu bestimmen, ob die *Myo-cyten*[4] ausreichend mit Sauerstoff versorgt werden. Deshalb erfordert eine umfassende Einschätzung der Perfusion die Messung von Sauerstoffförderung des Blutes und Sau-erstoffverbrauch der Myocyten. Da die Sauerstoffübertragungskapazität des Blutes[5] im

---

[4] lat.: Herzmuskelzellen
[5] Sie ist bestimmt durch Hämoglobin-Sättigung und Sauerstoffbindung.

allgemeinen konstant ist, wird die Sauerstoffversorgung üblicherweise durch die Messung des Myokardialen Blutflusses (MBF) eingeschätzt[17].

Die vaskulären Kompartimente innerhalb des Myokards umfassen die größeren Arterien, die kleineren Arteriolen, das Kapillarnetzwerk und die intramyokardialen Venen. Bei einer intrakoronaren Bolusinjektion von Kontrastmittel ist der Effekt des Kontrastanstiegs nacheinander in allen Kompartimenten zu sehen. Für die Einschätzung der Perfusion ist es notwendig, das Blut innerhalb des Kapillarnetzwerks zu detektieren, welches mehr als 90% des intramyokardialen Blutvolumens beinhaltet. Eine Quantifikation der Perfusion zielt auf eine Messung des intravaskulären Blutvolumens und der Geschwindigkeit des Blutes ab, aus denen der MBF abgeleitet werden kann.

Die Verteilung der intramyokardialen Gefäße ist nicht uniform, die Gefäßdichte ist in den subendokardialen Schichten am größten. Der Sauerstoffverbrauch ist dort höher als in epikardialen Schichten, weil das Endokard den höchsten Drücken ausgeliefert ist. Diese räumliche Nicht-Uniformität der myokardialen Perfusion wird weiter durch die temporalen Veränderungen des Myokardialen Blutvolumens[6] (MBV) und demzufolge des MBF verkompliziert. Ein anderer Einflussfaktor auf die Veränderung des MBF ist zum Beispiel körperlicher Stress. Durch ihn hervorgerufene Auswirkungen während pharmakologischer Intervention werden am Ende dieses Unterkapitels beschrieben.

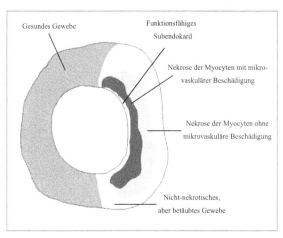

Abbildung 3-2: Akuter Herzinfarkt in transsternaler Ansicht

---

[6] Zum Beispiel zwischen Systole und Diastole.

12

Liegt nun ein akuter transmuraler Herzinfarkt vor, so ist dieser gekennzeichnet durch signifikant reduzierten oder nicht existierenden Blutfluss. Darauf folgt die Nekrose der Myocyten, die einher geht mit dem lokalen Verlust der mikrovaskulären Integrität. Die Nekrose tritt dabei zuerst im subendokardialen Myokard auf. Bei längeren arteriellen Okklusionen bewegt sich die Front der Nekrose innerhalb der gesamten ischämischen Zone progressiv durch den ganzen Muskel in Richtung Epikard (→ Abbildung 3-2). Die resultierende Infarktgröße hängt also nicht nur vom Versorgungsbereich der verstopften Arterie ab, sondern auch von der Präsenz von Kollateralgefäßen, die eine Versorgung des Gewebes in diesem Fall übernehmen.

Nach einer erfolgreichen Rekanalisation der Arterie besitzen nekrotische Zonen als charakteristische Eigenschaft keinen erneuten Blutfluss. Gerettetes Myokard, mit erhaltener mikrovaskulärer Integrität, wird hingegen wieder durchblutet. Es dauert eine gewisse Zeit, bis die mechanische Funktion nach einem ischämischen Ereignis wieder hergestellt ist. Nicht-nekrotisches, jedoch betäubtes Herzgewebe wird als gerettet betrachtet, obwohl es sich nicht bewegt, da es seine Kontraktionsfähigkeit innerhalb weniger Wochen wiedererlangt. Die einzige diagnostische Prozedur für eine frühe Einschätzung der Wiederdurchblutung ist momentan die myokardiale Szintigraphie.

Bei Ruhe resultieren 90% der Stenosen von epikardialen Gefäßen durch kompensatorische *Vasodilatation*[7] der peripheren Gefäße nicht in einer Veränderung des MBF innerhalb des Versorgungsbereiches einer stenotisierten Arterie. Es gibt dabei einen signifikanten Unterschied zwischen epikardialen und subendokardialen Schichten. Subendokardiale intramurale Gefäße sind bei chronischem Herzleiden maximal erweitert, während es epikardiale nicht sind. Ein vasodilatativer Stimulus erhöht den transmuralen Fluss durch Erweiterung der subendokardialen Mikrogefäße der gesunden Arterie und verringert entsprechend den treibenden Druck. Da aber die endokardialen Gefäße der stenotisierten Arterie schon maximal erweitert sind, resultiert der Abfall des Druckes in einer Verringerung des dortigen Flusses, da der kompensatorische Fluss nachlässt (→Abbildung 3-3). Es kommen folglich chronische Herzleiden erst bei Stress richtig zum Vorschein, was unter anderem bei einer Stress-Untersuchung ausgenutzt wird. Gleichzeitig wird aber auch das enorme Risiko für den Patienten deutlich, da prinzipiell ein Infarkt provoziert werden kann. Betrachtet man einzig den MBF des gesamten

---

[7] lat.: Blutgefäßerweiterung

Herzmuskels bei vasodilatativer Stimulation, so wird dieser beibehalten oder verbessert sich sogar.

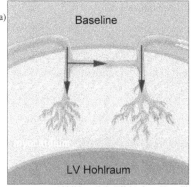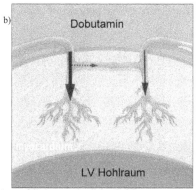

Abbildung 3-3: Effekt eines Vasodilatators auf die intramyokardialen Gefäße, (a) normaler epikardialer Arterien und (b) bei Präsenz einer Stenose

Somit beeinflussen Stenosen der Koronararterien das Volumen des Blutes im Versorgungsgebiet und den dazugehörigen MBF, was ihn potentiell als signifikanten Parameter der Sauerstoffversorgung des myokardialen Gewebes auszeichnet. Eine Verringerung erklärt die messbaren Unterschiede in der maximalen Signalintensität zwischen normal und schlecht durchbluteten myokardialen Segmenten. Sie erlauben schließlich eine Beurteilung des Herzzustandes mittels Kontrast-Echokardiographie.

3.1.2 Arbeitsweise von Kontrastmitteln für Ultraschall

Die CA sind in vielen Ländern noch nicht oder nur teilweise von den jeweiligen Behörden zugelassen. In Deutschland sind es zum Beispiel nur zwei. Hinzu kommt, das diese CA als Drogen klassifiziert werden, was den behandelnden Ärzten die Rückerstattung der Kosten bei den Krankenkassen erschwert. Ihre grundlegenden Eigenschaften und Verhaltensweisen sollen im folgenden erörtert werden.

Contrast Agents für Ultraschall

Die grundlegenden Anforderungen an einen CA sind, dass er einfach in den Blutkreislauf einzuführen sein muss, dort über die Dauer der Untersuchung stabil ist, eine geringe toxische Wirkung auf den menschlichen Metabolismus besitzt und die akustischen

14

Eigenschaften des interessierenden Gewebes signifikant verändert. Die universelle Technologie beruht auf kleinen gasgefüllten Mikrobläschen, die kleiner als die roten Blutkörperchen und deshalb dazu fähig sind, frei im Körper zu zirkulieren. Sie werden als sogenannte *blood pool agents*[8] bezeichnet (→ Abbildung 3-4).

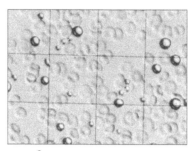

Abbildung 3-4: OPTISON®-Mikrobläschen mit roten Blutzellen, in vitro fotografiert

Die wichtigsten Eigenschaften, die das Ultraschallbild beeinflussen, sind Rückstreu-Koeffizient (RSK), Abschwächung, und akustische Ausbreitungsgeschwindigkeit[29]. Alle CA versuchen den RSK zu verstärken und dabei die Abschwächung so wenig wie möglich zu erhöhen, um damit ihr Echo im Kontrast zu dem des Blutes zu steigern. Die Entwicklung der CA begann mit der Untersuchung eingangs erwähnter Luftbläschen. Diese besaßen eine natürliche Instabilität, hatten einen zu großen Durchmesser, um den Lungenkreislauf zu passieren und zeigten nur etwa 2 bis 5 Sekunden eine Kontrastwirkung[15]. Es gab in der Folgezeit oft Experimente um die Stabilität zu erhöhen, indem man versuchte, das Gasbläschen mit einer festen Schale zu umgeben. Der Durchbruch wurde 1984 durch Feistein et al. erzielt. Er produzierte Mikrobläschen durch Sonifikation einer Lösung des Humanserums Albumin und wies nach, dass sie nach einer intravenösen Injektion im linken Ventrikel visualisiert werden können[11]. Dieser CA wurde nachträglich kommerziell als ALBUNEX®, [9] weiterentwickelt. Viele Hersteller produzierten dann diese Art von stabilisierten Luftbläschen, unter anderem auch den CA LE-VOVIST®, [10]. Diese sogenannten CA der ersten Generation besitzen jedoch den Nachteil, dass die Schalen der Mikrobläschen extrem dünn sind, was dem Gas im Körperinneren eine Diffusion zurück ins Blut erlaubt. Die effektive Nutzungsdauer variiert von

---

[8] engl.: Kontrastmittel im Blutvolumen
[9] Mallinckrodt Medical Incorporated, St Louis, USA
[10] Schering AG, Berlin, Deutschland

MEDIZINISCHE UND PHYSIKALISCHE GRUNDLAGEN DES KONTRAST-ULTRASCHALLS

Patient zu Patient und beträgt nur einige Minuten. Die nutzbare Zeit zur Bildgebung war jedoch in der Praxis beträchtlich geringer. Diese CA wurden als Bolusinjektion in den Blutkreislauf überführt und der maximale Effekt trat nur in der ersten Kreislaufpassage auf. Deshalb wurde die Entwicklung von CA vorangetrieben, deren akustische Eigenschaften weiter verbessert wurden und die vor allem länger im Blutkreislauf verbleiben. Die Bläschen wurden anstatt mit Luft mit schwer löslichen Gasen, wie z.b. Fluorkohlenwasserstoffe, gefüllt und werden als CA der zweiten Generation bezeichnet (OPTI-SON[®, 9], ECHOGEN[®, 11]). Der Preis für die Stabilität ist jedoch eine reduzierte akustische Interaktionsfähigkeit, demnach ein geringerer RSK.

Die Entwicklung der CA ist noch lange nicht abgeschlossen, denn die neuen US-Bildgebungs-Modalitäten erfordern immer mehr signifikante Eigenschaften, insbesondere eine größere Stabilität bei höheren akustischen Drücken[5].

Verhalten einer Mikroblase bei veränderlichem Druck

Die Interaktion einer US-Welle mit einer Population von Bläschen ist ein komplexer Prozess. Wenn ein Schallfeld sich durch ein Medium ausbreitet, dann ändert sich der Druck im Medium zwischen den Fronten der Longitudinalwellen. Ein Gasbläschen wird durch die Druckänderung entweder zusammengedrückt oder dehnt sich aus, das heißt, es geht in eine lineare Oszillation über. Bei dieser Bewegung wird es selbst zu einer Schallquelle[15], dessen Echo sich vom Entstehungsort radial durch den Körper ausbreitet. Der Schall, der den Transducer von diesem Bläschen und allen Benachbarten erreicht, wird als zurückgeworfenes Echo des CA betrachtet. Die Basis kontrastspezifischer Bildgebungs-Modalitäten ist es, dieses Echo zu charakterisieren, so dass es von dem gewöhnlichen Gewebes unterschieden werden kann.

Anders als das Gewebe reagiert eine Mikroblase in eigener Art auf ein auftretendes US-Feld. Dieses Verhalten ist grundsätzlich vom Durchmesser des Mikrobläschens und von der Energie des produzierten Feldes abhängig, das bedeutet von der Amplitude der Schallwellen. Bei geringen Schalldrücken von kleiner als 100 kPa gehen oszillieren die CA wie das Gewebe linear über, was in einer Erhöhung des Echos resultiert. Bei weiterer Erhöhung der Signalintensität auf bis zu 1 MPa erreichen die oszillatorischen Auslenkungen der Mikroblase einen Punkt, an dem die alternierenden Ausdehnungen und Kompressionen in ihrer Größe nicht mehr identisch sind. Das Echo des CA zeigt daher

[11] Sonus Incorporated, Bothell, USA

nicht-lineare Merkmale, wie die Emission von Oberwellen zusätzlich zur fundamentalen Welle. Die Folge dieses Resonanzphänomens ist, dass auf das reflektierte Signal diese zusätzliche Energie aufmoduliert wird und zusätzliche Signalanteile im Bereich der zweiten Oberwelle nachweisbar sind[4].

Wenn der Druck schließlich 1 MPa übersteigt, dann werden die Mikrobläschen zerstört und emittieren zuletzt starke, transiente und nicht-lineare Echos[37]. Diese sehr intensiven Signale entstehen beim völligen Kollaps der Außenhülle. Die Grenzen zwischen linearer Oszillation, nicht-linearer Resonanz und Zerstörung sind fließend. Sie hängen primär von Durchmesser und Beschaffenheit der Hülle des Bläschens ab[9]. Größere Bläschen neigen eher zur Instabilität als kleine, da sie eine erhöhte Angriffsfläche für den Schall bieten und das Verhältnis von Eigengröße zu Schalendicke sehr ungünstig ist. Ein Diagramm zur Darstellung des Auftretens von Resonanz in Abhängigkeit zum Durchmesser ist in Abbildung 3-5 zu sehen. Um das Resonanzphänomen innerhalb der diagnostischen Frequenzen für die Kardiologie[12] nutzen zu können, wird bei der Herstellung der CA versucht, einen Durchmesser zwischen 3 und 4 µm zu erzielen.

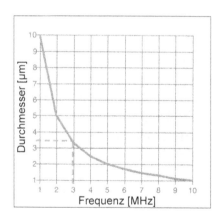

Abbildung 3-5: Abhängigkeit der Resonanz von Durchmesser und Frequenz

---

[12] Der Fokus des Schalls liegt hier in ca. 10-15 cm Tiefe. Dies bedeutet eine Benutzung eines Transducers niederer Frequenz (z.B. 3 MHz), da die Reichweite Hochfrequenter Transducer beschränkt ist.

Der Mechanische Index

Um auftretende Eigenschaften des Schalls einfach beschreiben und Entstehungsbedin-
gungen eines US-Bildes beurteilen zu können, muss ein signifikanter Parameter definiert werden. In den USA ist es durch die „*Food and Drugs Administration*"[13] (FDA)
vorgeschrieben, dass alle Transducer mit dem geschätzten negativen Höchstdruck, dem
das Gewebe ausgesetzt ist, gekennzeichnet sind. Per Definition wurde somit ein Index
festgelegt, der die ungefähre Exponierung eines durchschnittlichen Gewebes durch US-
Druck im Fokus des Strahls wiedergibt. Dieser Wert steht in Beziehung zu der Menge
an mechanischer Arbeit, welche an einer Mikroblase während einer negativen Halbwel-
le des Schalls verrichtet wird. Er ist direkt von der Signalamplitude (Intensität) und der
Frequenz abhängig. Insgesamt ist der Mechanische Index (MI) wie folgt definiert:

$$MI = \frac{P_{neg}}{\sqrt{f}}$$

Dabei ist P_{neg} der Höchstwert des negativen US-Druckes und f die US-Frequenz. Bei
klinischen US-Systemen liegt der MI gewöhnlich zwischen 0,1 und 2,0. Der Wert selbst
variiert innerhalb der Schallkeule und ist maximal im Fokus, wenn keine Ablenkung des
Schalls erfolgt. Dies ist durch Divergenz in der Energieverteilung des Fernfeldes begründet. Bei einer Kontrast-Untersuchung ist der MI einer der wichtigsten Geräteparam-
meter, da er unter anderem die durchschnittliche Exponierung einer Mikroblase mit US
beschreibt. Dadurch kann der Arzt die Zerstörung des CA durch US und folglich die
Lebensdauer zur Visualisierung einschätzen.

3.1.3   Methoden der Administration eines Contrast Agent

Die Art der Administration eines CA ist abhängig von der Untersuchungsmethode und
vor allem der bildgebenden Modalität. Ihre spezifischen Eigenschaften werden in Punkt
3.2 - Bildgebung mit Kontrastmittel erläutert. Um die Auswirkungen der Administration
auf die Bildgebung zu analysieren, sollen die verschiedenen Ablaufszenarien miteinander zu verglichen werden.

---

[13] Engl.: Amerikanische Verwaltungsbehörde für Lebens- und Arzneimittel.

Bolusinjektion versus Infusion

Die Administration einer Bolusinjektion ist relativ einfach und schnell zu gewährleisten. Es erfolgt eine intravenöse Injektion von ca. 10,0 µl/kg CA, gefolgt von ca. 5,0 ml NaCl-Lösung[38, ff]. Für die Erstellung einer Perfusionsdiagnose hat sich dies aber als nicht praktikabel erwiesen, da die Passage des CA durch den Lungekreislauf nicht-linear verläuft. Bei der Infusion wird der CA mit NaCl-Lösung gemischt, beispielsweise 1,3 ml CA in 50,0 ml NaCl-Lösung, und dann kontinuierlich bei anfangs 4,0 ml/min in den Blutkreislauf überführt. Als wichtigstes Indiz für die Bevorzugung einer kontinuier-lichen Infusion gilt, dass es mit ihr möglich ist, zusätzlich den Parameter der Geschwin-digkeit der Mikrobläschen (MV^{14}) zu bestimmen, da die Konzentration an Kontrastmit-tel im Blut zu jeder Zeit gleich ist und deshalb auch der Anteil, der den Lungenkreislauf verlässt, homogen bleibt. Dieser erlaubt Rückschlüsse auf den MBF[20].

Es existiert weiterhin ein schmales Band, in dem die Relation von Kontrastmittel-konzentration und messbarer Video Intensität (VI) linear ist. Höhere Dosen verursachen eine Abschwächung im hinteren US-Feld, niedrige schließen eine adäquate Sättigung des Myokards aus.

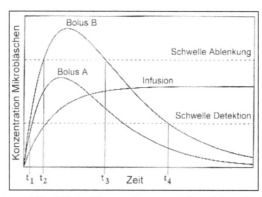

Abbildung 3-6: Vergleich des Diagnosezeitraums von Bolusinjektion und Infusion

Der Arzt kann die Infusionsrate während der Untersuchung optimieren und hat genü-gend Zeit, jedes Segment des Herzens ausreichend zu bewerten. Zu vergleichen sind die Zeitintervalle in Abbildung 3-6. Trotzdem existiert eine bestimmte Rolle für die Bolus-

---

[14] Engl.: Microbubble Velocity

Administration, bei der ein maximaler Effekt an Kontrast zur Abzeichnung des Endo-kards und eine relativ kurze Dauer im Vordergrund stehen, z.B. bei Wandbewegungs-Studien.

Stress Untersuchung

Da die alleinige MKE in der klinischen Praxis gesetzlich noch keine Relevanz besitzt, muss eine Kopplung mit herkömmlichen Verfahren zur Erstellung einer Diagnose mög-lich sein. Dies ist vor allem die Stress-Untersuchung. Ein Test verbunden mit körperli-chem Stress ist nur bedingt möglich, da erhöhte respiratorische und kardiale Aktivität oft in einem Verlust der US-Scanebene resultieren. Deshalb ist ein pharmakologischer Stresstest erfolgversprechender. Die pharmazeutische Intervention kann parallel zur intravenösen Injektion des CA getätigt und damit dann Perfusion und Wandbewegung gleichzeitig beurteilt werden. Ein adäquates Aufnahmeprotokoll ist in Abbildung 3-7 dargestellt. Von Vorteil für die Untersuchung ist natürlich auch die Vasodilatation, die das Volumen von Kontrastmittel im Myokard erhöht und die Unterschiede zwischen normal und schlecht durchbluteten Segmenten noch offensichtlicher erscheinen lassen.

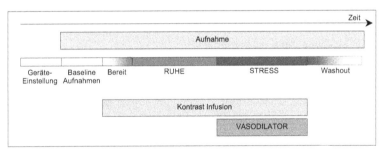

Abbildung 3-7: Aufnahmeprotokoll Kontrast-/Stressuntersuchung

Für eine Kombination der beiden Untersuchungsmethoden spricht weiterhin, dass für die Bewertung, ob nun für die Perfusion oder Wandbewegung, dasselbe Modell heran-gezogen wird. Dieses wurde von der American Society of Echocardiography (ASE) entwickelt. Es schreibt für eine US-Untersuchung des Myokards vier verschiedene Standardansichten vor, jeweils die apikalen beziehungsweise transsternalen 2- oder 4-Kammeransichten. Die Ansichten sind durch die Ausrichtung des Transducers be-stimmt. Weiterhin unterteilt das Modell das Myokard in 16 Regionen, welche bewertet und untereinander verglichen werden können. Kardiologen verwenden es überwiegend zur Dokumentation. Es eröffnet vielfältige Möglichkeiten der Visualisierung interessierender Probleme, beispielsweise eine Grauwertkodierung der Durchblutungsareale der verschiedenen Herzkranzgefäße, wie in Abbildung 3-8 dargestellt.

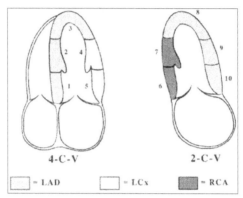

Abbildung 3-8: Modell des Myokards nach American Society of Echocardiography, hier apikale 2- und 4-Kammeransicht mit Grauwertkodierung der Versorgungsbereiche der Koronararterien (LAD – Ramus interventricularis descendens anterior, LCx – Ramus circumflexus arteriae coronariae cordis sinistrae, RCA – Arteria coronia cordis dextra)

3.2 Bildgebung mit Kontrastmittel

Die Evolution der CA ging einher mit der Entwicklung neuer spezifischer US-Modalitäten, ohne die ihre bisherige Akzeptanz nicht denkbar ist. Sie erlauben eine bessere Unterscheidung der Mikrobläschen vom umliegenden Gewebe und basieren auf der Zerlegung und Charakterisierung des Frequenzspektrums des Echos. Sie sollen im folgenden erläutert werden, Basiswissen über US-Technik wird dessen ungeachtet vorausgesetzt.

3.2.1 Lineare Rückstreuung des Ultraschallsignals

Die herkömmliche Art der Zusammenstellung eines US-Bildes erfolgt durch die Detektion der reflektierten fundamentalen Welle eines dem US ausgesetzten Kompartiments[34, ff]. Die räumliche Auflösung dieser Kompartimente in zwei Dimensionen und die Abbildung ihrer Signalintensitäten als Helligkeitsmodulation ergeben ein konventionelles Bild im B-Mode.

21

Wird ein menschliches Gewebeteil US ausgesetzt, dann absorbiert und reflektiert es je nach Dichte die ankommende Energie. Der einzige Unterschied zwischen ankommenden und reflektierten Signalen liegt in ihrer Intensität oder Amplitude begründet durch Absorption, welche je nach Gewebeart[15] charakteristisch ausgeprägt ist. Während der Bewegung der reflektierten Signale zurück zum Transducer werden sie nicht nur durch die Absorption weiter abgeschwächt, sondern auch durch die entstehende Streuung. Werden biologische Inhomogenitäten von einer US-Welle erreicht, so sind sie nach dem Huygensschen Prinzip Ausgangspunkt einer neuen Elementarwelle. Die Elementarwellen benachbarter Inhomogenitäten interferieren und bilden so ein neues Wellenfeld, das Streufeld. Da das Streufeld keine homogene Verteilung besitzt, ergibt sich eine winkelabhängige Streuung. Der Anteil des Streufeldes, der parallel zur akustischen Achse zum Transducer zurückläuft, wird zusätzlich zum reflektierten Signal detektiert und als lineare Rückstreuung bezeichnet. Linear, da die Intensität direkt proportional zu der das US-Feld auslösenden Energie ist. Insgesamt ist die Intensität von Signalen der linearen Rückstreuung jedoch weitaus geringer als die der Reflexion, lässt aber Rückschlüsse auf die Feinstruktur von Gewebe zu und fließt natürlich in die Bildgebung ein.

Die Darstellung reflektierter Signale und der linearen Rückstreuung wird bei herkömmlicher Bildgebung im B-Mode angewendet. Welchen Einfluss auf diese linearen Parameter besitzt dann eine Wechselwirkung mit einem CA?

Konventionelle Bildgebung im B-Mode mit Kontrastmittel

Obwohl die Bläschen eines typischen CA kleiner als die roten Blutkörperchen sind und ihre Volumenkonzentration im Blut weniger als 1% entspricht, ist die Amplitude des Echos eines CA dramatisch größer, als die des Blutes. Die akustische Impedanz eines Mikrobläschens ist ca. 100 Millionen mal höher als die eines Blutkörperchens[4] und resultiert in einem starken Echo und natürlich der Generierung eines intensiven Streufeldes. Bei der Injektion eines 10,0 ml Bolus LEVOVIST® vergrößert sich beispielsweise der Höchstwert der Signalintensität im Blut während einer spektralen Doppleruntersuchung um ca. 25 dB. Die Verwendung von CA mit konventionellem B-Mode resultiert in einer sichtbaren Verstärkung der Lumina der Ventrikel und der großen Gefäße. Der Kontrast ist jedoch nicht in den kleineren Gefäßen innerhalb des Myokards sichtbar, da die Verstärkung von 10-25 dB noch ca. 10-20 dB unter dem Echo des Herzge-

---

[15] Jedes Gewebe besitzt ein spezifisches Dämpfungsmaß.

webes liegt. Für Perfusionsbildgebung ist Bildgebung im B-Mode deshalb ineffektiv und es sind spezifischere Bildgebungsverfahren notwendig. Für die Unterstützung einer Untersuchung bei schwer schallbaren Patienten, was oft anatomisch begründet ist, werden dagegen Kontrastmittel mit Bildgebung im B-Mode verwendet.

3.2.2   Nicht-lineare Rückstreuung

Die CA reagieren also auf die Einwirkung des Schalls sehr sensibel. Im Resonanzfall zeigen die Mikrobläschen nicht-lineare Verhaltensweisen, wie die Emission starker zusätzlicher Oberwellen (→ 3.1.2 - Verhalten einer Mikroblase bei veränderlichem Druck). Diese Art der Interferenz wird als nicht-lineare Rückstreuung bezeichnet, da die emittierte Energie nicht proportional zur verursachenden US-Energie ist, sondern sich ferner aus Eigenschwingungsanteilen des Resonators, in diesem Falle das Mikrobläschen, zusammensetzt. Zusätzlich zur normalen Reflektion und linearen Rückstreuung können diese Signale im Bereich der höheren Oberwellen des empfangenen Frequenzspektrums eindeutig charakterisiert werden. Dies wird bei *Harmonic*[16] und *Pulse Inversion*[17] Imaging durchgeführt. Es bestand die große Hoffnung, dass bei der Anwendung eines genügend genauen Bandpassfilters, einzig die harmonischen Echoanteile des CA detektierbar wären.

Betrachtet man die Interaktion des Gewebe mit US jedoch genauer, dann stellt sich heraus, dass auch hier ein besonderes Phänomen existiert. Dieses äußert sich auch in nicht-linearen Signalanteilen im empfangenen Frequenzspektrum, die nicht vom US-System selbst generiert werden, sondern durch die Bewegung der Schallwelle durch unterschiedliche Medien bestimmt sind[14 ff]. Wenn Gewebe longitudinal komprimiert wird, dann erhöht sich die Geschwindigkeit des Schalls in diesem Teil, wird es entspannt, verringert sich die Schallgeschwindigkeit. Eine Schallwelle agiert im Körper als Druckwelle, welche das Gewebe komprimiert und entspannt. Durch diese Veränderung der Geschwindigkeit in den verschiedenen Kompartimenten wird die Welle deformiert. Der mittlere Teil der Welle bewegt sich mit der Geschwindigkeit c_0, der Gipfel geringfügig schneller mit $c_0 + \Delta c$ und das Wellental durch geringeren Druck mit $c_0 - \Delta c$ ein

---

[16] Engl.: harmonisch
[17] Engl.: Impuls Inversion

23

wenig langsamer (→ Abbildung 3-9). Mit zunehmender Bewegung durch das Gewebe wird also der Wellengipfel nach vorn gezogen und das Tal nach hinten verzerrt.

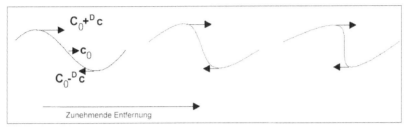

Abbildung 3-9: Deformation einer Schallwelle durch unterschiedlichen Druck

Das Wellental wird in Wirklichkeit nicht nach hinten gezogen, es reist nur mit geringerer Geschwindigkeit. Verschiedene Gewebearten beeinflussen diese Deformation unterschiedlich stark, die resultierende Wellenform beinhaltet jedoch nicht nur die fundamentale Frequenz, sondern auch harmonische Frequenzen, die sich besonders in der zweiten Oberwelle ausprägen. Somit kann nicht eindeutig zwischen nicht-linearer Antwort des CA und deformierten Elementarwellen unterschieden werden. Dies erklärt, warum beispielsweise in einem Bild im Harmonic-Mode, auch Gewebe visualisiert wird.

Die spezifische Anwendung der Techniken bei den neuen Imaging Modalitäten soll im folgenden erläutert werden.

Harmonic Imaging

Alle namhaften US-Gerätehersteller bieten derzeitig Harmonic Imaging Systeme an. Im Harmonic Mode sendet das System auf einer festen Frequenz und ist für den Empfang auf dem Doppelten dieser Frequenz eingestellt. Typerscherweise liegt die Sendefrequenz des Transducers zwischen 1,5 und 3 MHz und die Empfangsfrequenz ist mit einem Bandpassfilter auf 3 bis 6 MHz limitiert. In diesem Bereich liegen die harmonischen Echos der Mikrobläschen (→ 3.1.2 - Verhalten einer Mikroblase bei veränderlichem Druck). Es werden herkömmliche Transducer verwendet und nur Softwareänderungen im US-System benötigt. Echos des umgebenden Gewebes und der roten Blutkörperchen werden unterdrückt, aber frei von Gewebeechos ist das Bild aus zuvor genanntem Grund jedoch nicht. Es ist weiterhin zu bemerken, dass das Bild fast keine

Bewegungsartefakte besitzt. Alle Konturen zeichnen sich sauber ab. Dies ist auf ein signifikant erhöhtes Verhältnis von Signal zu Rauschen zurückzuführen. Außerdem bietet die Technik eine ausreichende Bildwiederholungsrate von ca. 30 Hz[4]. In Hinblick auf die Perfusion sind die Signale aus dem Myokard aber schwach gegenüber denen der großen Lumina der Vorhöfe, da die intramyokardialen Gefäße nur etwa 10% des Gesamtvolumens entsprechen. Das Problem dieser Technik ist die Arbeitsweise mit relativ hohem MI. Es werden zu viele Bläschen zerstört und das myokardiale Gewebe gibt starke harmonische Echos zurück. Der Kontrasteffekt muss aus der Summe des grundlegenden Grauwertniveaus und dem zusätzlichen Effekt des CA extrahiert werden. Der geringe Intensitätsanstieg ist in Regionen mit starkem Gewebeecho kaum sichtbar.

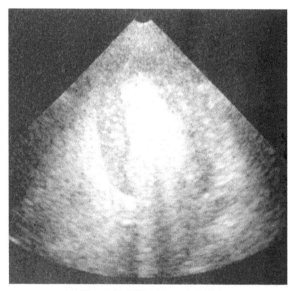

Abbildung 3-10: Bild im Harmonic B-Mode

Deshalb sind aufwändige Nachbearbeitungsschritte, wie beispielsweise Hintergrundsubtraktion, für eine zuverlässige Evaluation dieser Bilder notwendig[17]. Weiterhin besteht ein kompliziertes Abstimmungsverhältnis zwischen den Bandpassfiltern der verschiedenen Oberwellen. Das Sendefrequenzband ist um die fundamentale Welle begrenzt, während die empfangenen Frequenzen um ein Band der zweiten Oberwelle eingeschränkt sind. Eine kleine Empfangsbandbreite limitiert die Auflösung, da nur ein minimales Spektrum zur Auswertung nutzbar ist (→ Abbildung 3-11, dunkelblaue Kurve). Wenn die Bandbreite beider Filter erhöht wird (hellblaue Kurve) und sich die beiden Spektren überdecken (hellrote Fläche), empfängt das harmonische Filter lineare Signale gewöhnlichen Gewebes, was den Kontrast zwischen CA und Gewebe reduziert, da bei der Charakterisierung nicht mehr zwischen ihnen unterschieden werden kann. Sind die empfangenen Echos dazu auch noch in ihrer Intensität abgeschwächt, beispielsweise durch geringe Kontrastmittelkonzentration, gehen sie fast vollständig im Sendefrequenzband unter und das harmonische Signal wird weitgehend aus fundamentalen Gewebeechos zusammengestellt sein (gestrichelte Linie). Dieser Kompromiss zwischen Kontrast und Auflösung kann nicht übergangen werden und bedingt die Benutzung eines hohen MI, damit die Mikrobläschen starke Echos emittieren[4 ff].

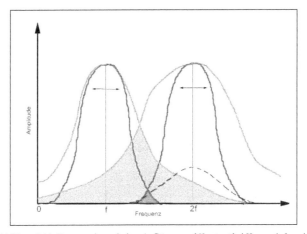

Abbildung 3-11: Kompromiss zwischen Auflösung und Kontrast bei Harmonic Imaging

Für eine erfolgreiche Untersuchung ist es wichtig, das US-Gerät korrekt eingestellt zu haben. Die Position des Sendefokus und die Liniendichte beeinflussen unmittelbar die Zerstörung der Bläschen. Die Dynamik[18] sollte so groß wie möglich sein, um zu sichern, dass selbst kleine Veränderungen im Bereich der Kontrastsignale nicht verloren gehen. Weitere Geräteparameter können Tabelle 3-1 entnommen werden.

---

[18] Sie entspricht dem Verhältnis des größten wahrnehmbaren Signals zum kleinsten detektierbaren (Engl.: dynamic range).

Tabelle 3-1: Geräteparameter für Harmonic Imaging

Parameter	Wert
Schallkopf	Niedrigste Frequenz
Sendeleistung	MI > 1,2
Empfangsverstärkung	Voreinstellung
Kompression	Keine
Dynamic Range	Maximum
Liniendichte	Minimum
Persistenz	Ausgeschaltet
Fokus	Unter Mitralklappe (apikale Sicht) Unter hinterer Wand (parasternale Sicht)
Scanebenen	Konventionell
Trigger	Systole (T-Welle)

Pulse Inversion Imaging

Um die Probleme mit relativ hohem akustischen Druck zu umgehen, wurde die Methode konsequent weiterentwickelt, um harmonische Signale mit größerer Sensitivität detektieren zu können. Auch Pulse Inversion Imaging beruht auf der asymmetrischen Oszillation eines US-Bläschens in einem akustischen Feld, aber charakterisiert alle nicht-linearen Komponenten eines Echos über die gesamte Transducer-Bandbreite. Es werden zwei (oder in neuester Forschung sogar fünf) schnell aufeinander folgende Impulse in das Gewebe gesendet. Der zweite Impuls besitzt eine 180° Phasendrehung gegenüber dem Ersten. Der Empfänger detektiert das Echo dieser beiden Signale und formt ihre Summe (→Abbildung 3-12).

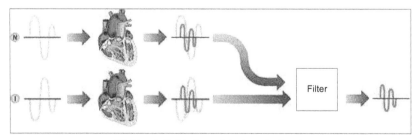

Abbildung 3-12: Prinzip von Pulse Inversion Imaging

Gewöhnliches Gewebe antwortet größtenteils linear. Eine Addition der beiden gleichförmigen Signale hat ein Ergebnis nahe Null zur Folge. Damit wird bei diesem Ansatz

27

Gewebe eindeutig charakterisiert und fällt aus der Darstellung heraus. Ein Echo mit nicht-linearen Komponenten, wie das eines Bläschens, besteht nicht einfach aus zwei phasenverschobenen Signalantworten, da der Radius des Bläschens sich über die Zeit asymmetrisch verändert. Das Resultat ist, dass deren Summe nicht Null entspricht und deshalb eine eindeutige Charakterisierung des CA erfolgen kann. Mathematisch ist es möglich, das Signal bis zu den harmonischen Komponenten aufzulösen, sogar höherer Oberwellen[2].

Der Vorteil von Pulse Inversion über dem Filteransatz ist, dass es nicht mehr an einer Restriktion der Bandbreite leidet. Daraus ergibt sich ein Bild über den vollen Frequenzbereich mit hoher Auflösung. Der Preis ist jedoch eine reduzierte Bildwiederholungsrate, was durch Weiterentwicklung der Hardware in nächster Zeit jedoch kompensiert werden wird. Da die Methode effizienter als Harmonic Imaging bei der Isolation des CA-Echos arbeitet, können auch schwache Echos bei geringen, nicht destruktiven Signalintensitäten gemessen werden. Die Folge ist eine drastische Verbesserung des Kontrasts zwischen CA und Gewebe. Das Endokard zeichnet sich sehr gut ab und die Sättigung im Myokard selbst kann sehr gut dargestellt werden. Wie stark die Sichtbarkeit des CA-Echos im resultierenden Bild von der Modalität abhängig ist, kann in Abbildung 3-13 beurteilt werden.

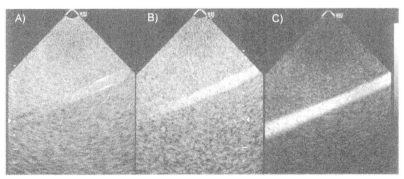

Abbildung 3-13: Vergleich von konventionellem B-Mode- (A), Harmonic- (B) und Pulse Inversion- (C) Aufnahmen nach Administration von OPTISON® in vitro, MI = 0,2

Dort wurde eine aus dem Körper herausgelöste Arterie mit OPTISON® gefüllt und diese bei vergleichsweise geringem akustischen Druck den verschiedenen Modalitäten ausgesetzt. Es ist bei Pulse Inversion Imaging nicht nur ein deutlich kontrastreicheres Bild zu sehen, sondern auch eine starke Verringerung sichtbarer Artefakte zu bemerken. Infolgedessen ergibt sich die Möglichkeit, vorhandene Durchblutungsdefizite in Form Intensitätsverringerungen genauer aus den Bilddaten zu extrahieren. Folglich ist diese Modalität für den Ansatz von Sanjiv Kaul die Methode der Wahl. In Abbildung 3-14 ist das Myokard in apikaler 2-Kammeransicht zu sehen. Deutlich kann man einen Abfall der Intensität am *Apex*[19] (Pfeil) beobachten.

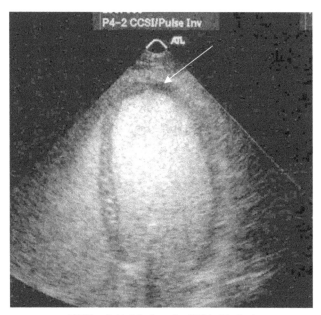

Abbildung 3-14: Pulse Inversion-Bild des Myokards

Die Geräteeinstellungen für ein erfolgversprechendes Ergebnis sind in Tabelle 3-2 zusammengestellt.

---

[19] Lat.: Herzspitze

29

Tabelle 3-2: Geräteparameter für Pulse Inversion Imaging

Parameter	Wert
Schallkopf	Niedrigste Frequenz
Sendeleistung	MI = 0,3
Empfangsverstärkung	Voreinstellung
Kompression	Keine
Dynamic Range	Maximum
Liniendichte	Regulär
Persistenz	Ausgeschaltet
Fokus	Unter Mitralklappe (apikale Sicht) Unter hinterer Wand (parasternale Sicht)
Scanebenen	Konventionell
Trigger	Systole (T-Welle)

3.2.3 Destruktive versus nicht-destruktive Kontrast-Bildgebung

Die momentan verfügbare Technologie verwertet die ausschlaggebendste Verhaltens-weise von Mikrobläschen im US-Feld, nämlich die Erzeugung zusätzlicher Oberwellen im Empfangsspektrum. Eine hohe akustische Sendeleistung führt jedoch zu unmittelba-rer Zerstörung des Bläschens, was oft als transiente Rückstreuung oder stimulierte aku-stische Emission bezeichnet wird. Gewöhnlich wird bei diesem hohen MI (>0,9) eine Triggertechnik benutzt, da bei kontinuierlicher Bildgebung zu viele Bläschen zerstört werden, um eine ausreichende Sättigung im Myokard zu erreichen[37]. Die andere Hauptkategorie wird durch relativ geringe Sendeleistungen bestimmt, um die Mikroblä-schen zu sonifizieren. Bei diesem Ansatz können kontinuierliche oder nicht-getriggerte Bildgebung verwendet werden, da immer eine ausreichende CA-Konzentration inner-halb der myokardialen Mikrozirkulation vorhanden ist, um eine sichtbare Sättigung zu produzieren. Die Methode wird häufig als Real-Time Imaging referenziert.

Bei jedem Senden von US-Impulsen wird die Konzentration an Kontrastmittel im Blut also signifikant reduziert, da die Mikrobläschen besonders bei hohem MI in transiente Oszillation übergehen können und kollabieren. Um für eine Diagnose den bestmögli-chen Kontrast innerhalb des Myokards zu erlangen, gibt es spezielle Techniken. Ziel ist es immer, den Anstieg an Intensität während der Einspülung oder der Ausspülung des CA in das Myokard zu evaluieren.

Intermittend Triggered Imaging

Um eine Zerstörung der Bläschen bei hohen akustischen Drücken zu reduzieren, existiert die Möglichkeit, die Bildwiederholungsrate zu reduzieren. Diese Absenkung geht teilweise so weit, dass nur noch ein Bild während eines oder mehreren aufeinander folgenden Herzzyklen aufgenommen wird. In der Zwischenzeit kann neues Kontrastmittel eingespült werden und es sind genügend Bläschen für die nächste Aufnahme vorhanden. Das abgetastete Bild wird bis zur nächsten Aufnahme auf dem Monitor eingefroren. Dies führt leider dazu, dass der Arzt in dieser Zeit keine Kontrolle über die US-Scanebene besitzt und erhöht das Risiko der Verwackelung. Durch eine mögliche zusammenhangslose Disposition der Bilder gestaltet dies die Auswertung einer Bildserie schwierig. Es gibt bildgebende Methoden, die zwischen den Aufnahmen den MI verringern und einige Bilder mit niedriger Bildwiederholungsrate liefern, damit die Scanebene beibehalten werden kann.

Da in den verschiedenen Regionen des Myokards nach ASE die Konzentration an Kontrastmittel auf natürliche Weise variiert, ist es ineffektiv, nur diese zu evaluieren. Wenn der prozentuale Anteil der Auffüllung an Kontrastmittel über die Zeit aufgetragen beziehungsweise betrachtet wird, kann man eine Exponentialkurve finden, deren Asymptote die volle Wiederauffüllung repräsentiert. Diese Wiederauffüllungszeit ist ein signifikanter und vor allem ausschlaggebenderer Parameter der Perfusion, denn im Versorgungsbereich einer stenotisierten Arterie wird offensichtlich eine längere Zeit zur Einspülung eines adäquaten Blutvolumens benötigt. Es gibt vielfältige Protokolle, um eine optimale Wiederauffüllungskurve zu erhalten. Durchführbar ist zum Beispiel eine Doppel-Trigger-Technik, wie in Abbildung 3-15.

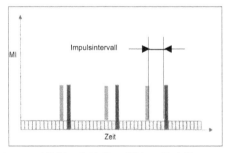

Abbildung 3-15: Doppel-Trigger-Technik

Ein Hochenergieimpuls (Flash), der alle Bläschen im Myokard zerstört, wird von einem bildgebenden Scan gefolgt. Der bildgebende Trigger wird auf endsystolische Zeitpunkte gesetzt, wohingegen der Flash auf wechselnde Zeitpunkte vor diesem eingestellt wird. Danach wird dieses Impulsintervall progressiv angehoben. Ziel ist es, die entstehende Exponentialkurve der Intensität zu evaluieren, wie in Punkt 4.1.1 - Quantitative Analyse beschrieben.

Real-Time Imaging

Dieser Ansatz ist für den Arzt am einfachsten zu verwenden. Es erfolgt eine kontinuierliche Bildgebung und die Scanebene kann während des Schallens überprüft und korrigiert werden. Es werden kaum noch Bläschen zerstört, weshalb manuell mittels eines Flashs die völlige CA-Leere geschaffen werden muss, um eine adäquate Wiederauffüllungskurve zu erhalten. Die Wiederauffüllung kann während der Untersuchung farbkodiert beobachtet und evaluiert werden. Die Methode vereint die Leistung von Pulse Inversion, nicht-lineare Echos zu detektieren, mit der Möglichkeit der Bewegungseinschätzung eines Dopplersystems. Es werden drei phasenverschobene Impulse in kurzen Intervallen ins Gewebe gesendet. Die Echos dieser Signale werden mathematisch in Beziehung gesetzt, mit dem Ergebnis, dass sich harmonische Signale ohne spatiale Bewegung ihres Ursprungs gegenseitig auslöschen. Damit fallen noch mehr Gewebeechos aus der Betrachtung heraus und es werden bevorzugt CA-Echos dargestellt (Abbildung 3-16).

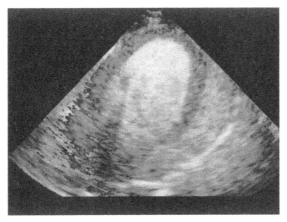

Abbildung 3-16: Bild akquiriert mit Power Pulse Inversion

Verdächtige dunkle Regionen innerhalb des Myokards sind sofort sichtbar und fallen dem Arzt direkt ins Auge (→ 4.1.1 - Interpretation Myokardialer Kontrast Echokardio-gramme). Eine aufwändige Offline-Analyse ist nicht notwendig, könnte jedoch zu even-tueller genauer Quantifizierung herangezogen werden. Diese Methode wird von vielen Ärzten als die schnellste und für die klinische Praxis zukunftsweisende betrachtet[5].

Viele US-Hersteller unternehmen große Anstrengungen in die Erforschung dieser Mo-dalitäten und die Entwicklung führte zu Power Pulse Inversion[20] oder Power Modulati-on[21] mit noch größerer Sensitivität und Spezitivität. Diese sind jedoch nicht Teil der Arbeit und sollen nur am Rande erwähnt werden.

---

[20] Advanced Technology Laboratories (ATL), Bothell, USA
[21] Agilent Technologies, Böblingen, Deutschland

4 Projektphasen und Problemlösung

Es ist vorgesehen, dass die Entwicklung im geordneten Rahmen und entsprechend den Standards zeitgemäßer Softwareentwicklung bei der TomTec Imaging Systems GmbH, mit Sitz in Unterschleißheim, stattfinden soll. Die Firma ist langjährig in die Produktion moderner US-Software -und Hardware involviert. Sie besitzt ausgeprägte Kontakte zu allen namhaften US-Firmen, wie beispielsweise ATL, Acuson, Agilent Technologies oder Toshiba, und betreibt mit ihnen Zusammenarbeit bis hin zu OEM-Distributionen. Spezialisiert hat sich die Firma auf die Entwicklung von 3D/4D-Anwendungen für die Echokardiographie und ist mit Produkten wie Echo View oder 4D Easy View gut am Markt positioniert. Lediglich in der Nische der Kontrast-Echokardiographie sind bisher wenige Anstrengungen unternommen worden. Dies liegt einerseits an der geringen Nachfrage des Marktes, da dieses Teilgebiet, wie eingangs erwähnt, noch sehr neu und forschungsintensiv geprägt ist, und andererseits an bisher nicht aufgewendeten Kapazitäten beziehungsweise Ressourcen aufgrund geringerer Priorisierung. Ein erster Schritt der Sensibilisierung soll mit der vorliegenden Diplomarbeit unternommen werden.

Das Qualitätssicherungssystem namens TomTec Project Management System (TPMS) der TomTec Imaging Systems GmbH ist nach ISO 9001[22] zertifiziert (→ Abbildung 4-1), ohne dessen eine Softwareentwicklung im medizinischen Umfeld kaum möglich wäre. Der Produktschöpfungsprozess und die Verantwortlichkeiten sind streng reglementiert, um vor allem Fehler im Design des resultierenden Produktes zu minimieren und ein Höchstmass an Produktqualität zu erreichen. Grundsätzlich entspricht es dem Wasserfallmodell des Standard-Softwarengineering mit zusätzlichen Vorschriften für Zuständigkeiten und Vorgehensweisen. Die Regelungen der strukturierten Softwareentwicklung wurden gewissenhaft umgesetzt, es erfolgt jedoch eine Abgrenzung der Arbeit zur allgemeinen Projektorganisation im Rahmen der Qualitätssicherung, um den vorgegebenen Umfang nicht zu sprengen. Im allgemeinen waren die Phasen „Vision" und „Konzept" durch das Produktmanagement bereits abgeschlossen (TPMS I, II). Der eigentliche Projektstart erfolgte mit der TPMS-Phase „Anforderungsanalyse". Die Ent-

---

[22] Die Norm beschreibt einen Industriestandard zur Qualitätssicherung.

wicklung der Kontrast-Analysesoftware sollte dann in folgenden Stufen des Standard-
Softwarengineering ablaufen:

- Planung und Definition (Anforderungsanalyse) ①
- Softwareentwurf (Pflichtenheft) ②
- Implementierung ③
- Validierung und Test (eingeschränkt) ④

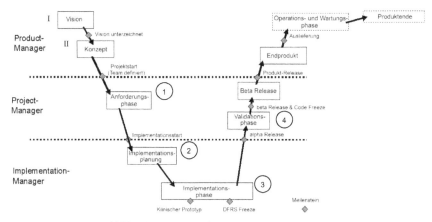

Abbildung 4-1: TomTec Project Management System

Die Realisierung und Ergebnisse der einzelnen Projektstufen werden im folgenden ana-
lysiert und diskutiert.

4.1 Anforderungsanalyse

Die erste Projektphase zielt auf eine grobe Beschreibung des Problems, die Analyse der
bestehenden Problemlösung und eine positive Durchführbarkeitsstudie ab.

Die Entwicklungsumgebung wird aufgebaut und es werden erste medizinische Abhand-
lungen zum Thema durchgearbeitet. Das gesamte bestehende Material wird einer genauen Prüfung unterzogen. Es ergeben sich Kompetenzverhältnisse der beteiligten Per-
sonen, wie die Zuständigkeit für Projektmanagement, Produktmanagement und Implementierung. Weiterhin entsteht ein Grundverständnis des komplizierten Sachverhaltes
und ein vorläufiges Produktbild. Angedacht ist die Messung einer Ein- und Ausspü-

35

lungskurve von Kontrastmittel innerhalb des Myokards. Als Voraussetzung sind EKG-getriggerte US-Bilder angesehen, die digital in die Anwendung importiert werden. Als Datenformate sind das TomTec *.IMA-Format und DICOM vorgesehen. Es werden Regionen speziellen Interesses (ROI) definiert, innerhalb denen die mittlere Pixelintensität (MPI) in Form von Grauwerten ausgerechnet werden soll. Die Bereiche liegen als Maske vor und entsprechen den 16 definierten Standardbereichen der ASE. Für die ROI ist eine automatische Bewegungskorrektur zwischen den Einzelbildern vorgesehen, damit sichergestellt ist, dass immer auf einem gleichpositionierten Areal gemessen wird. Dafür ist ein Konturfindungsalgorithmus für das Endokard zu entwickeln. Es ist vorgesehen, die Messwerte nach Microsoft Excel zu exportieren.

In einer tiefgründigen Diskussion ergeben sich weitere Ideen und insbesondere Fragen. Für die Grauwertskala der Kontrastbilder käme eine Normierung auf die hellste, also bestdurchblutete Region in Frage. Ist es notwendig, Daten mit Farbinformation zu importieren und zu evaluieren? Wie verläuft die Einspülungskurve nach einem Flash? Wäre eine Darstellung des Grauwertgradienten über der Zeit (1.Ableitung) ein sinnvoller Informationsgewinn? Innerhalb der nächsten sechs Wochen ist eine erste Spezifikation zu erarbeiten. Das Projekt- und Produktmanagement übernimmt die Aufgabe, bei ausgewählten Partnern geeignetes Datenmaterial zu besorgen.

4.1.1 Analyse des bestehenden Ansatzes zur Evaluierung von Kontrastdaten

Als Folge umfangreicher Analysen für eine erfolgreiche Umsetzung wird diverse Fachliteratur besorgt und es entstehen Kontakte zu verschiedenen medizinischen Institutionen, beispielsweise MEDSCAPE[23], um Publikationen zum Thema zu erhalten. Das bisher erstellte Bild der Software entsprach weitgehend der Methode von Dr. Sanjiv Kaul aus dem Jahre 1997[17 ff], offenbart jedoch einige Erleichterungen und Zusätze für den behandelnden Arzt. Die Vorgehensweise und Gliederung in zentrale Probleme ist folgend detailliert beschrieben.

Akquisition

Die Technik erfordert prinzipiell Grauwertbilder. Dies ergibt die Unterstützung aller durch Grauwerte bestimmten Modalitäten, also eine Beschränkung auf Harmonic B-

---

[23] Angeboten werden medizinische Informationen und Zugang zu Archiven von Fachzeitschriften im Internet (www.medscape.com).

Mode und Pulse Inversion. Alle Farbdoppler-Modalitäten fallen aus der weiteren Betrachtung heraus. Es können beide Administrationsmethoden eines CA verwendet und deren kontrastverstärkte Bilder nach der Untersuchung des Patienten, also Offline, evaluiert werden. Die Akquisition ist EKG-getriggert auf die T-Welle in apikaler 2-oder 4-Kammeransicht oder alternativ einer transsternalen Ansicht durchzuführen. Dieser endsystolische Trigger ist zu bevorzugen, da das Myokard maximal mit Blut gefüllt, also die größte Myokard-Fläche sichtbar ist, und daher die besten Verhältnisse von Signalen zu Rauschen ableitbar sind. Es sind Prä-Kontrastbilder, in Folge Baseline-Bilder genannt, zu speichern, die später für eine Hintergrundsubtraktion erforderlich sind. Post-Kontrastbilder sind mit progressiv ansteigendem Impulsintervall (PI) oder kontinuierlich getriggert zu akquirieren. Weitere Parameter liegen im Ermessen des behandelnden Arztes.

Interpretation Myokardialer Kontrast Echokardiogramme

Da der Anstieg an Intensität nicht sehr groß ist, müssen die Bilder vor einer visuellen Einschätzung mit einer Hintergrundsubtraktion nachbearbeitet werden. Erst dann ist eine zuverlässige Diagnose möglich. Die visuelle Einschätzung ist eng an die Signalintensität des myokardialen Kontrasts gekoppelt, welcher das relative MBV wiederspiegelt. Um eine Meinung über den MBF zu bekommen, ist es notwendig diese Signalintensitäten über die Zeit zu evaluieren.

Vor einer MKE-Studie sollte der Arzt eine Wandbewegungsuntersuchung durchführen, um später Artefakte einschätzen und bewerten zu können. Normal bewegliche Teile des Myokards ohne Kontrastanstieg entsprechen beispielsweise einem Artefakt. Dies kann man oft in den basalen ASE-konformen Segmenten vorfinden, besonders wenn der angebliche Defekt nicht im Myokard endet. Diese Artefakte sind meist durch eine Abschwächung oder Ablenkung des Schalls begründet, die mit zunehmender Ausbreitung durch die Divergenz in der Energiedichte des Schalls wahrscheinlicher wird. Meist füllen sich diese Segmente während einer Stress-Untersuchung. Koronare Stenosen zeigen sich gewöhnlich in apikalen oder mittleren Segmenten, so dass isolierte basale Defekte keine klinische Bedeutung besitzen. Durch Interferenzen begründete Artefakte im Nahfeld sind ebenfalls zu ignorieren. Bei der Verwendung eines größeren PI (> 1 Aufnahme : 3 Herzzyklen) ist bei normaler Perfusion ein starker homogener Kontrastanstieg zu beobachten (→ Abbildung 4-2). Bei kürzerem PI (1:1, 1:3) ist oft eine Art fleckiges

37

Kontrastmuster im Myokard zu bemerken, das die größeren intramyokardialen Gefäße, jedoch keinen Perfusionsdefekt repräsentiert.

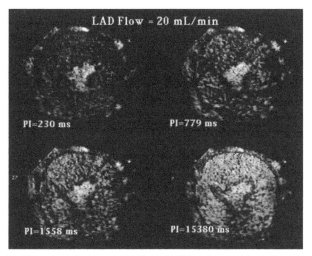

Abbildung 4-2: Hintergrundsubtrahierte und farbkodierte Bilder in transsternaler 2-Kammeransicht, akquiriert mittels Harmonic Imaging mit 4 unterschiedlichen PI, keine pathologischen Vorfälle

Weiterhin variiert der Kontrastanstieg in den verschiedenen Segmenten durch unterschiedlichen MI in den Teilen der Schallkeule, tieferliegende Segmente sind durch Abschwächung bestimmt. Liegt ein Perfusionsdefekt vor, ist die Signalintensität signifikant und dauerhaft reduziert. Der Defekt wird, wie in der myokardialen Szintigraphie, als reversibel oder starr klassifiziert. Ein starrer Defekt zeigt sich durch einen relativen Abfall an Signalintensität im Vergleich zu angrenzenden Regionen des Myokards, sichtbar bei Ruhe- und Stressuntersuchung. Er erscheint subendokardial oder transmural. Da die Intensität von der Anzahl der Mikrobläschen abhängig ist, kann der Defekt bei größeren PI verschwinden, oder angrenzende große Gefäße können ihn durch sogenanntes *Blooming*[24] überdecken. Deshalb sollte die absolute Größe eines Perfusionsdefekts nicht bestimmt werden, sondern relative Kontrastunterschiede in den ASE-konformen Segmenten.

Reversible Durchblutungsstörungen werden erst bei Stress sichtbar. Sie drücken sich durch einen äußerst geringen Anstieg oder eine signifikante Verringerung an Signalin-

---

[24] Engl.: starke übergreifende Kontraste

tensität im Vergleich zu angrenzenden Regionen aus. Gewöhnlich ist eine ausreichende Sättigung an Kontrastmittel bei kleinen PI vorhanden. Dies ist durch einen genügenden kompensatorischen MBF zu begründen. Erst bei längeren PI treten die Unterschiede von hypoperfundierten zu normal perfundierten Kompartimenten hervor, da die CA-Konzentration jetzt erst sichtbar kleiner ist. Abschließend kann als Definition[4] festgehalten werden:

Ein visuell auftretender Kontrastdefekt wird als präsent betrachtet, wenn innerhalb eines myokardialen Areals eine relative Verringerung an Kontrast sichtbar ist, welche, verglichen mit den angrenzenden Regionen normalen Kontrasts, unter den selben Bedingungen auftritt.

Bilddatenverarbeitung

Zuerst ist eine Hintergrundsubtraktion durchzuführen. Dabei wird angenommen, dass alle Signale, die nicht einer Kontrastverstärkung entsprechen, Gewebe oder Rauschen darstellen. Es interessiert also nur das Signal des CA. Nach der Anwendung dieses Konzeptes erscheint das Bild allgemein dunkler, die Gegensätze in der Intensität von Regionen normaler zu denen eingeschränkter Perfusion sind jedoch eindeutig sichtbar. Das grundlegende Konzept der Technik ist in Abbildung 4-3 zu sehen.

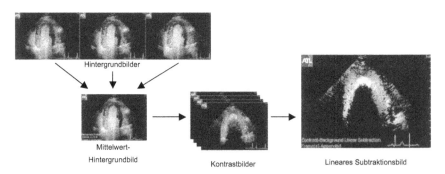

Abbildung 4-3: Technik der Hintergrundsubtraktion von Kontrastbildern

Praktischerweise sollte das Hintergrundbild aus mehreren Einzelbildern ohne Kontrastmittel zusammengesetzt sein, um den Einfluss des Rauschens statistisch zu verringern. Die Bilder werden einer Bewegungskorrektur unterzogen und anschließend wird Pixel für Pixel ein Mittelwertbild aus ihnen berechnet. Dieses Bild kann zuverlässig als Hintergrund der Kontrastaufnahmen betrachtet werden. Von allen Kontrastbildern wird im nächsten Schritt nach einer wiederholten Bewegungskorrektur das Mittelwert-Baseline-Bild subtrahiert. Da die einzelnen Pixel logarithmierte Werte der gemessenen Signalintensitäten einzelner Kompartimente repräsentieren, entspricht eine lineare Subtraktion der 8-bit Pixel einer Division der nicht-logarithmierten Originalmesswerte. Das Ergebnis ist ein Bild, welches das Verhältnis von Prä- zu Postkontrast wiederspiegelt, also den relativen Anstieg an Signalintensität durch das Kontrastmittel.

Quantitative Analyse

Für die Analyse des Intensitätsanstiegs über die Zeit gibt es zwei Techniken, die durch die Administration des CA bestimmt sind. Die erste wird als „Intravenöse Bolustechnik" bezeichnet. Dabei wird der CA als einzelner Bolus in den Blutkreislauf überführt und Bilder mit gleichbleibender endsystolischer Triggerung aufgenommen. Dann wird eine ROI auf das Myokard gezeichnet und deren MPI für jedes Bild berechnet. Das Ergebnis ist eine Datenserie von Intensitätswerten, die dem Ein- und Ausspülen des CA entspricht. Man kann zeigen, dass die Serie dem Modell der Gammaverteilung und folgender Dichtefunktion genügt (→ Abbildung 3-6, Boluskurve):

$$f(t) = \frac{\alpha^p}{\Gamma(p)} \cdot t^{p-1} \cdot e^{-\alpha t}$$

Deren Kurvenparameter sind einzig durch die Amplitude (Formfaktor p) und die mittlere Passagezeit (Maßstabsfaktor α) bestimmt. Letzterer korreliert nachweislich mit dem MBF[38 ff]. Da ein CA-Bolus mit Nachteilen in der Genauigkeit verbunden ist, beispielsweise wird der CA zeitlich unbestimmbar im Lungenkreislauf aufgefangen, empfiehlt es sich, die sogenannte „Negative Bolustechnik" anzuwenden.

Bei diesem Verfahren wird der Patient einer kontinuierlichen Infusion an Kontrastmittel ausgesetzt und die Doppel-Trigger-Technik mit progressiv ansteigendem PI verwendet. Die Konzentration des CA im Myokard innerhalb einer ROI steigt nach und nach an, bis letztendlich eine totale Sättigung erreicht ist (→ Abbildung 3-6, Infusionskurve). Eine Messreihe entspricht folgender Exponentialverteilungsfunktion:

$$f(t) = A\left(1 - e^{-\beta t}\right)$$

Der durch β bestimmte Anstieg der Kurve repräsentiert die MV, wohingegen die Asymptote A die totale Sättigung oder das MBV darstellt. Das Produkt der beiden Parameter ergibt den MBF in der jeweiligen ROI[4]. Das Ergebnis der quantitativen Analyse sollte eine Bestimmung dieser Parameter sein, woraus der Arzt den MBF ableiten kann. Dies kann zum Beispiel durch ein *Curve-Fitting-Verfahren*[25] bewerkstelligt werden. In diesem Falle könnten die Wertepaare zuerst logarithmiert und dann mit ihnen eine lineare Regression durchgeführt werden[35]. Daraus ergeben sich die Koeffizienten der Exponentialfunktion und es ist möglich, eine approximierte Kurve durch die Stützstellen der Messwerte zu legen ($\rightarrow$ Abbildung 4-4).

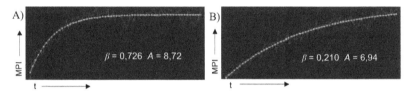

Abbildung 4-4: Vergleich von MPI- Zeit -Diagrammen, Koeffizienten der Exponentialfunktion und Kurvenform bei A) normaler myokardialer Perfusion B) schwerer Stenose

Eine wertvolle Information bedeutet für den Arzt also nicht nur die Darstellung der Messwerte, sondern auch die Abbildung der angepassten Kurve und ihrer Parameter. Eine Visualisierung des Grauwertgradienten zweier Messwerte ist nicht erforderlich, da nur der mittlere Anstieg der ganzen Kurve von Interesse ist.

4.1.2 Zeitplanung

Am Ende der Anforderungsanalyse wird die Einschätzung getroffen, einen weiteren Monat für den Softwareentwurf zu verwenden, so dass Analyse und Design insgesamt 6 Wochen nicht überschreiten. Für die Implementierungsphase werden ca. 3 Monate veranschlagt. Mit dieser Phase soll eine partielle Produktvalidierung einhergehen. Die Dauer des Gesamtprojektes beträgt somit 4½ Monate.

---

[25] engl.: Kurvenanpassungsverfahren

4.2 Softwareentwurf

Die zweite Phase besitzt das Ziel, die Programmstruktur festzulegen und das vorliegende Modell abzubilden. Weiterhin gilt es, die vorhandenen Strukturen der Firma TomTec
auf Brauchbarkeit zu analysieren und gegebenenfalls einzubinden.

4.2.1 Grundlegende Konzepte

Model-View-Controller-Architektur

Die Model-View-Controller-Architektur (MVC) ist eine Abstraktion der Drei-
Schichten-Architektur, welche ihren Ursprung in der Programmiersprache Smalltalk-80
besitzt. Genau genommen entspricht sie jedoch einer *Pattern*[26].

Eine Pattern ist im allgemeinen eine Idee, die sich in einem praktischen Kontext als
nützlich erwiesen hat und es wahrscheinlich auch in anderen sein wird[3, ff]. Es handelt
sich dabei um eine Gruppe von Klassen mit feststehenden Verantwortlichkeiten und
Interaktionen, welche durch bestimmte Assoziationen verknüpft sind. Pattern gestatten
dem Softwareentwickler eine effektive Kommunikation, da er damit über Gesamtkon-
zepte diskutieren kann und sich nicht in der Erklärung von Einzelheiten verliert. Eine
der wichtigsten Verwendungsmöglichkeiten der Pattern ist die standartisierte Lösung
bestimmter Probleme, sie lassen sich jedoch auch gut zur groben Modellierung einset-
zen.

Die Trennung von Benutzeroberfläche, Fachkonzept und Datenhaltung ist heute ein
Grundprinzip des Softwareentwurfs. Die Model-Schicht repräsentiert die Fachkonzept-
schicht der konventionellen Drei-Schichten-Architektur und modelliert den funktionalen
Kern der Anwendung. Außerdem enthält sie die Zugriffe auf die Datenhaltungsschicht,
in der die Datenspeicherung realisiert wird. Das Datenobjekt selbst besitzt jedoch kein
Wissen über die externe Repräsentation seiner Daten. Die View-Schicht realisiert die
Benutzeroberfläche der Anwendung. Dazu gehören die Dialogführung und die Präsentation aller Daten in verschiedener Art und Weise, ob nun als Bilder, Kontrollelemente
oder Messwerte. Jedes View-Objekt besitzt ein zugehöriges Controller-Objekt, welches
bestimmt, wie die Benutzeroberfläche auf bestimmte Eingaben reagiert und somit die
Darstellung mit der Eingabe verbindet. Das impliziert, dass es zu jedem Model-Objekt

---

[26] engl.: Muster

eine beliebige Anzahl von View-Controller-Paaren geben kann, jedoch mindestens eines. Eine typische Interaktion sieht wie folgt aus. Führt der Benutzer eine Eingabe durch, dann wird diese im dazugehörigen View-Objekt dargestellt. In jedem Fall sendet der Controller eine Nachricht, welche eine Veränderung beschreibt, an das Model-Objekt. Dieses ändert gegebenenfalls seine Daten und ruft eine seiner Benachrichtigungsoperationen auf, die alle assoziierten View-Controller-Paare informieren. Daraufhin können sich die benachrichtigten Objekte selbst in einen konsistenten Zustand mit dem Model-Objekt bringen, indem sie sich die für sie relevanten Daten von ihm abholen (→Abbildung 4-5).

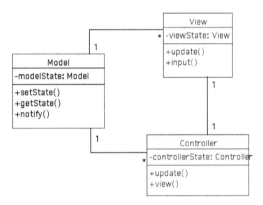

Abbildung 4-5: MVC-Architektur (UML-Notation)

Die MVC-Architektur realisiert die Idee, dass das Model-Objekt nicht weiß, wie seine Daten auf der Oberfläche dargestellt werden. Es darf nicht direkt auf seine assoziierten View- und Controller-Objekte zugreifen und dort Daten ändern. Es besitzt lediglich eine Liste aller von ihm abhängigen Objekte, welche es bei einer Aktualisierung seiner Daten informieren muss. Der Vorteil dieses Systems ist eine leichte Austauschbarkeit und Wiederverwendbarkeit einzelner Komponenten, beispielsweise des View-Objekts für die Repräsentation eines anderen Modells, da alle anderen Schichten nicht unmittelbar betroffen sind, sondern über feste Schnittstellen miteinander kommuniziert wird.

Subjekt-Observer-Hierarchie

Die Subjekt-Observer-Hierarchie ist eine Generalisierung der MVS-Architektur. Wiederum ist sie als Pattern im Softwareengineering bekannt. In diesem Falle besteht das Konzept darin, eine Beziehung zwischen verschiedenen, voneinander abhängigen Klassen zu etablieren und zu beschreiben. Sie sollen auf einfache Art und Weise miteinander kommunizieren und Konsistenz untereinander herstellen können. Es werden deshalb Objektinstanzen in einer Baumstruktur hierarchisch angeordnet. Die Beziehung wird durch die Klassifikation in Subjekt- oder Observerobjekt beschrieben. Jedes Subjekt kann eine unbegrenzte Anzahl von abhängigen Observern besitzen. Alle Observer werden den bei einer Veränderung benachrichtigt und können sich im Gegenzug mit dem Zustand des Subjekts synchronisieren. Dazu bietet das Subjekt eine Schnittstelle, an der Observer sich anhängen und lösen können (→ Abbildung 4-6).

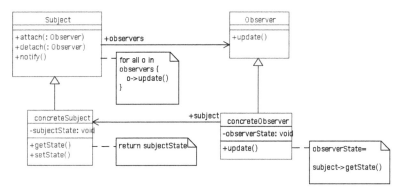

Abbildung 4-6: Klassendiagramm Subjekt-Observer

Diese Art der Interaktion wird im Softwareengineering auch als *publish-subscribe*[27] bezeichnet. Das Subjekt veröffentlicht Mitteilungen über Veränderungen seines Zustands und sendet sie an seine Liste von Observern. Jeder Observer besitzt eine Schnittstelle, die für die Aktualisierung aller mit ihm assoziierten Objekte zuständig ist. Diese indirekte Kommunikation verdeutlicht folgendes Beispiel. Es werden verschiedene Ansichten eines Bildes erzeugt, normal und gespiegelt. Beide benutzen die selben Anwendungsdaten und gestalten ihre Präsentation unterschiedlich. Sie sind deshalb zwei von-

---

[27] Engl.: veröffentlichen-unterzeichnen

44

einander unabhängige Observer des Subjekts „Bild". Wenn die Daten innerhalb der Normalansicht geändert werden, beispielsweise die Helligkeit, dann verändert sich automatisch auch die gespiegelte Ansicht. Dieses Verhalten impliziert eine Abhängigkeit dieser beiden Objekte vom Datenobjekt. Der Observer „Normalbild" führt eine Veränderung des Zustandes „Helligkeit" des Subjektes „Bild" mittels der Operation „setState()" durch. Dieses bemerkt die Veränderung und sendet eine Meldung. Daraufhin werden bei allen angekoppelten Observern die Aktualisierungsoperationen „update()" aufgerufen, die einen Aufruf objektspezifischer Operationen zur Herstellung der Konsistenz implizieren (→ Abbildung 4-7).

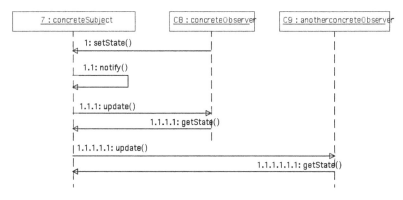

Abbildung 4-7: Sequenzdiagramm einer Aktualisierung

Um komplexe Abhängigkeiten zwischen Subjekten und Observern effektiv zu regeln, ist ein zusätzliches Objekt erforderlich, welches Verwaltungsaufgaben übernimmt. Es wird hier als Change Manager bezeichnet. Die Hauptaufgabe des Change Manager ist es, die Anzahl der Nachrichten bei einer relevanten Veränderung zu minimieren. Wenn zum Beispiel verschiedene voneinander abhängige Objekte in eine Operation verwickelt sind, dann stellt der Change Manager sicher, dass die Observer erst nach der Modifizierung aller betreffenden Subjekte benachrichtigt werden, um eine Doppelinformation zu verhindern. Er trägt demzufolge viel zur relativen Leistung der Applikation bei.

45

Design des Benutzerdialoges

Die Grundzüge des Designs des Benutzerdialoges sind vom Produktmanagement vorgegeben. Es unterteilt sich hauptsächlich in die Gruppen *Workflow*[28], Arbeitsraum, Werkzeugraum und Datenansicht (→ Abbildung 4-8).

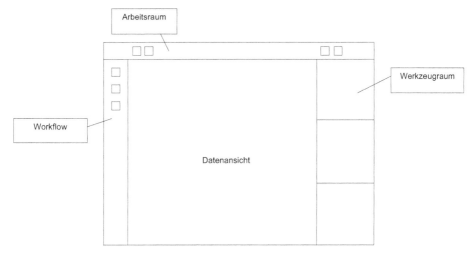

Abbildung 4-8: Schema des Benutzerdialoges

In der Workflow-Fläche sind unterschiedliche Schaltflächen angesiedelt, mit denen der Benutzer die verschiedenen Arbeitsschritte nacheinander steuern kann. Sie ermöglichen eine klare Struktur der Anwendung, so dass unbedingt notwendige Schritte nicht übergangen werden können. Zum Beispiel ist die Berechnung des Mittelwert-Baseline-Bildes vor der Hintergrundsubtraktion notwendig. Die Schaltflächen, welche zu jedem Zeitpunkt nicht durchführbare Arbeitsschritte repräsentieren, werden in ausgeschaltetem Zustand dargestellt. Der Arbeitsraum ist ständig verfügbar und beinhaltet Bedienelemente, wie Zoomfunktionalität, Positionierung oder Zurücksetzen der Anwendung. Innerhalb des Werkzeugraumes werden je nach Arbeitsschritt oder manuell die unterschiedlichsten Werkzeuge angezeigt. Beispiele dafür sind die Helligkeits-/Kontrasteinstellung, der Bildselektor und die Subtraktionsskalierung. Sie können mittels Steuerschaltflächen aktiviert werden und stehen in jedem Anwendungsschritt je

---

[28] Engl.: Arbeitsablauf

46

nach Aktivierung zur Verfügung. Der wichtigste Bestandteil des Benutzerdialoges ist die Datenansicht. In ihr werden die verschiedenen Sichten der US-Bilder und das Auswertungsdiagramm positioniert. Alles in allem sind alle Farben innerhalb der Applikation äußerst dezent und dunkel gehalten, damit sich die Konzentration des Benutzers einzig auf die dargestellten Bilddaten richtet.

4.2.2 Verwendete Klassenbibliotheken

Um eine effiziente Softwareentwicklung zu gewährleisten, ist es notwendig, so viele bestehende Klassenbibliotheken und vorhandene Problemlösungen wie möglich zu implementieren. Als Programmiersprache ist C++ vorgegeben und als Entwicklungsumgebung wird das Microsoft Visual Studio, Version 6, unter Windows 2000 verwendet. Das Visual Studio erreicht eine adäquate Leistung in Code-Repräsentation und Debugging, besitzt aber auch nicht zu unterschätzende Programmfehler.

QT

Da die zum Visual Studio zugehörige Klassenbibliothek, die Microsoft Foundation Classes (MFC), aus Leistungs- und Kompatibilitätsgründen bei TomTec nicht verwendet wird, ist eine Einarbeitung in eine vergleichbare, stabilere Bibliothek erforderlich. Bei TomTec ist die QT-Klassenbibliothek der Firma TrollTech ausgewählt worden. Diese entstammt aus der Linux-Welt und wird zum Beispiel für die KDE-Programmierung verwendet. Sie besitzt einen hervorragenden Funktionsumfang, ist sehr stabil, bietet gute Unterstützung beziehungsweise Dokumentation des Herstellers und ist verhältnismäßig leicht zu erlernen. Außerdem gibt es Quellcode für verschiedene Compiler und Betriebssysteme, was eine mögliche zukünftige Portierung von Softwarekomponenten auf beispielsweise Linux erleichtert. QT entspricht weitgehend herkömmlichen Klassenbibliotheken, ist jedoch vorwiegend für grafische Applikationen optimiert worden und besitzt einige signifikante Eigenschaften. Ein weiterer Vorteil der Bibliothek ist das interne, ereignisgesteuerte Nachrichtensystem, welches im Gegensatz zum Makro-Verfahren der MFC äußerst transparent erscheint und sehr leistungsfähig ist. Es wird als Signal/Slot-Konzept bezeichnet und ist eine Abstraktion der eingangs beschriebenen Publish-Subscribe-Technik[19 ff] (→ 4.2.1 - Subjekt-Observer-Hierarchie). Die Methode wird vorwiegend von GUI-Elementen benutzt, um Aktionen des Benutzers an andere Teile des Programms weiterzugeben, was auch als *Callback*[29] bekannt ist. Diese Callback's sind gewöhnlich Zeiger auf eine Methode. Wenn ein Objekt auf bestimmte Ereignisse reagieren soll, muss es eine Nachricht vom auslösenden Objekt erhalten. Im Unterschied zu klassischen Callback's wissen beim Signal/Slot-Konzept diese Objekte nichts von der Existenz des anderen. Sie emittieren einfach Nachrichten oder empfangen die für sie bestimmten, was einer realen Verkapselung der Information entspricht. Hinzu kommt, dass sie völlig typsicher sind, wodurch eine Verarbeitung von Nachrichten mit unbestimmtem Typ von Anfang an unmöglich ist. Um das Signal/Slot-Konzept zu nutzen, deklariert man in der auslösenden Klasse eine Member-Funktion[30] als Signal, beispielsweise die Funktion *onMouseClick (qPoint)* eines Dialogelementes (→ Abbildung 4-9). In der Empfängerklasse deklariert man die dazugehörige Funktion *void doSomething(qPoint)* als Slot und fügt außerdem eine Verbindung beider Ereignisfunktionen in den Konstruktor dieser Klasse mittels *connect(Empfängerklasse, doSome-thing(qPoint), Auslöserklasse, onMouseClick(qPoint))* ein. Damit ist gewährleistet, dass wie in diesem Beispiel bei Mausklick-Ereignissen, eine spezifische Reaktion des Empfängerobjektes erfolgt. Es existiert keine Beschränkung in der Anzahl der Kopplungen von Objekten an ein Signal.

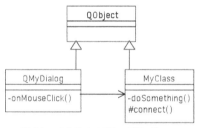

Abbildung 4-9: Beispiel Signal/Slot-Konzept

Das Signal/Slot-Konzept und die Informationen über die interne Vererbungsstruktur können nicht allein durch C++-Konstrukte realisiert werden. Daher wurde ein zusätzlicher Präprozessor namens Meta Object Compiler (MOC) entwickelt, der aus der Klassendefinition einer von QT-Objekten abgeleiteten Klasse eine zusätzliche Quellcodedatei erzeugt, die ebenfalls kompiliert und zum Programm hinzugelinkt werden muss. Wenn man eigene Komponenten von der QT-Basisklasse QObject ableiten möchte,

---

[29] Engl.: Rückruf
[30] Engl.: Zu einer Klasse zugehörige Operation.

kennzeichnet man dies bei der Klassendeklaration in der Header-Datei einfach mit dem Schlüsselwort „Q_OBJECT". Der Präprozessor übernimmt dann die Einbindung in die Klassenhierarchie.

QWT

Ein weiterer Vorteil von QT ist, dass es eine Menge frei zur Verfügung stehenden Zusatzquellcode im Internet gibt, da eine große Entwicklergemeinde aus der Linux-Opensource-Szene die Bibliothek konsequent weiterentwickelt und ihre Funktionalität kontinuierlich erhöht. Zur Darstellung von Messergebnissen in Form von Kurven wurde das Softwarepaket QWT des Entwicklerteams Kobasoft[18] herangezogen. Es erlaubt eine einfache Integration von verschiedenartigen Plots in eine zu entwickelnde Software unter QT, obwohl es noch in der Version 0.3 etwas instabil ist. Als Parameter benötigt es nur eine Liste vorhandener Integerwerte, welche dann auf unterschiedlichste Art und Weise in Diagrammen dargestellt werden können. Eine detaillierte Darstellung der Klassenstruktur mit den wichtigsten Member-Funktionen ist Abbildung 4-10 zu entnehmen und Details der Umsetzung sind in Punkt 4.3.1-Auswertung zu finden. Die Verwendung dieser Erweiterung ersparte die Neuimplementierung und steuerte viel zur erfolgreichen Realisierung innerhalb der verfügbaren Zeit bei.

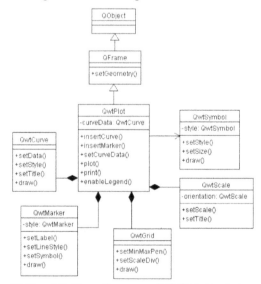

Abbildung 4-10: Klassendiagramm von QWT (UML-Notation)

49

TomTec Module

Innerhalb der Entwicklungsabteilung von TomTec besteht eine klar abgegrenzte Modul-struktur, die es erlaubt, benötigte Softwarekomponenten schnell und einfach in ein Pro-jekt zu integrieren. Als grundsätzliches Problem ergibt sich die Optimierung der Modu-le für 2D-Applikationen. Es sind um-fangreiche Änderungen und Anpas-sungen notwendig, insbesondere in den Modulen Viewing, DataModel und Image Processing Library (IPL). Von Vorteil ist jedoch eine ausgezeichnete Kapselung der Klassen und eine her-vorragende Erweiterbarkeit durch aus-gewogenes Softwaredesign. Das Kom-ponenten-Diagramm in Abbildung 4-11 verdeutlicht Zusammenhänge in der Struktur. Module sind in Modul-gruppen gegliedert, wobei ein Modul nur auf Module in derselben oder nied-rigeren Gruppen zugreifen darf. Detail-lierte Informationen zu Einzelkompo-nenten, falls ihre Bezeichnung zur Er-klärung nicht ausreichend ist, folgen in Punkt 4.3.1, da sich signifikante Eigenschaften innerhalb der Imple-mentierungsphase am konkreten Bei-spiel transparenter erläutern lassen.

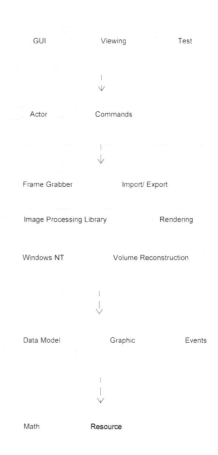

Abbildung 4-11: Komponentendiagramm der TomTec Softwaremodule

4.2.3   Programmübersicht

Die grundlegende Struktur der Anwendung soll in Folge mit dem Modell der objektori-
entierten Analyse (OOA) beschrieben werden. Das zugehörige Klassendiagramm kann
Abbildung 4-12 entnommen werden.

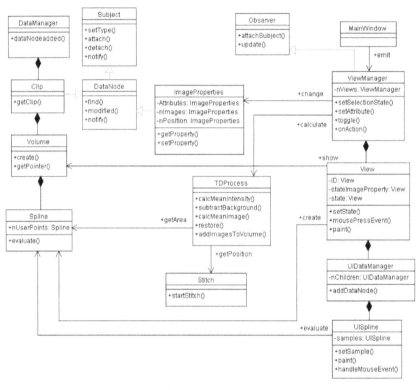

Abbildung 4-12: Klassendiagramm der Programmstruktur

Nach dem Start des Programms erfolgt eine Initialisierung der QT-MainWindow-
Basisklasse, von der alle Dialogobjekte abgeleitet sind. Sie überwacht die unterschiedlichen Zustände der Anwendung und startet den ViewManager. Dieser ist ein Observer
und verwaltet alle Visualisierungen der Bilddaten, entspricht somit der Fachkonzept-
schicht innerhalb der MVC-Architektur.

Wird vom Benutzer ein Datensatz geladen, erfolgt eine Instanziierung des Clip-
Objektes. Es ist ein Subjekt und wird in den Objektbaum der Datenhaltungsschicht ein-

51

gefügt. Aus dem Clip wird ein Volumen extrahiert. Dies ist eine rudimentäre Vorgehensweise aus den 3D-Applikationen, wobei in dieser Anwendung jedoch kein diskretes 3D-Volumen erstellt wird, sondern die dritte Dimension als Zeit bzw. Einzelbild postuliert wird. Dann erfolgt eine Kopplung des ViewManagers an das Volume-Objekt, womit die eingangs beschriebene Subject-Observer-Hierarchie initialisiert ist.

Als Folge der Existenz eines Volume-Objektes, startet der ViewManager mehrere Instanzen von View und ordnet denen Einzelbilder zur Darstellung zu. Außerdem war ein weiteres Objekt zur Datenhaltung notwendig, welches mittels der Klasse ImageProperties realisiert ist. Es verwaltet alle bildspezifischen Daten, wie Bildart oder Bildbewegung, und ist ebenfalls ein Subjekt. Das wichtigste Element der Anwendung ist dabei der ViewManager, da er alle Operationen auf Bilddaten steuert, den Views Einzelbilder zuordnet und die Bildeigenschaften verwaltet. Der View selbst ist dazu in der Lage, je nach Zustand der Anwendung, auf Mausereignisse zu reagieren. Er übernimmt das Zeichnen der Bilddaten und zusätzlicher Informationen. So ist beispielsweise jedem View ein weiteres Objekt zur Datenhaltung zugeordnet, der UIDataManager. Er verwaltet die vom Benutzer eingefügten Daten, die direkt visualisiert werden müssen. Beispiele dafür sind verschiedene ROI in Form von Splines oder Zahlenangaben von Entfernungsmessungen.

Ist die Anwendung im Zustand der Erstellung von ROI, fügt der View bei einem Mausereignis ein Spline-Objekt in den Datenbaum ein. Der UIDataManager als Observer kreiert für jede ROI jeweils Instanzen der Klasse UISpline, in der die vom Benutzer gesetzten Kontrollpunkte eines Splines gespeichert werden und welche das Zeichnen des Splines übernimmt. Die mathematische Definition des Splines wird an das Spline-Datenobjekt selbst übergeben, um auch andere Operationen zuzulassen, beispielsweise die Bestimmung der Pixelintensitäten innerhalb eines Splines mittels der Bildverarbeitungsklasse TDProcess. Sie greift für die Bewegungskorrektur auf Algorithmen des Objektes Stitch zurück.

Somit ist ein in sich geschlossenes System realisiert, welches durch vom Benutzer innerhalb der GUI-Schicht vorgegebene Zustände gesteuert wird. Ferner wurde die strikte Trennung in GUI-, Fachkonzept und Datenhaltungsschicht erzielt.

4.2.4   Pflichtenheft

Als Abschluss der Entwurfsphase wird eine sogenannte „Design- und funktionale An-
forderungsspezifikation" angefertigt. Diese stellt ein verkürztes Pflichtenheft dar, welches Analyse und Design gleichzeitig in einem Dokument vereint. Eine solche Vorgehensweise ist in der Industrie alltägliche Praxis, um alle vorgegebenen Aufgaben in einem adäquaten Zeitrahmen erledigen zu können.

Akquisition

Vorab wird die Ansicht vertreten, dass die Software während der ersten Entwicklungsphase einzig eine Grauwertanalyse durchführen soll, um die Projektdauer nicht künstlich zu vergrößern. Somit wird die Unterstützung auf Harmonic B-Mode und Pulse Inversion beschränkt. Grundsätzlich kann der CA als Bolus oder Infusion intravenös in
den Blutkreislauf des Patienten injiziert werden. Es erfolgt eine Offline-Analyse der
kontrastverstärkten Bilder. Die Akquisition ist EKG-getriggert auf die T-Welle des
Herzzyklus in apikaler 2- oder 4-Kammeransicht oder alternativ einer transsternalen
Ansicht durchzuführen. Es sind mindestens 3 Prä-Kontrastbilder zu speichern, die für
die Hintergrundsubtraktion verwendet werden. Prinzipiell ist jedoch auch eine Evaluation ohne Baseline-Bilder möglich. Post-Kontrastbilder sind mit progressiv ansteigendem
PI oder kontinuierlich getriggert zu akquirieren. Als digitales Bilddatenformat wurde
aus Zeitgründen eine Entscheidung zu Gunsten des TomTec eigenen *.IMA-Format
getroffen. Es beinhaltet nicht nur die reine Bildinformation, sondern auch Angaben zu
demographischen Patientendaten, Informationen zum Bild selbst und vieles mehr. Mittels eines Auswahldialoges sollen nur Dateien dieses Formates angezeigt und selektiert
werden können.

Bilddatenverarbeitung

Im ersten Schritt der Anwendung soll nach dem Laden eines Bilddatensatzes eine Art
Übersicht aller Bilder erscheinen, auf dem 20 Einzelbilder dargestellt werden können.
Ist die Anzahl der Bilder größer als 20, soll man die übrigen mittels einer *Scrollbar*[31]
einsehen können. Begründet durch ihre Verschiedenartigkeit kann man die Bilder mittels eines Mausklicks als Baseline, Kontrast oder als unbrauchbar markieren. Dazu ist

---

[31] Engl.: Bildlaufleiste

ein Werkzeug, der Bildselektor, erforderlich. Mittels des Bildselektors ist es möglich, dem System mitzuteilen, von welcher Art das nächste selektierte Bild ist. Er besteht aus verschiedenfarbigen Schaltflächen, welche in einer Gruppe zusammengefasst sind und jeweils eine Bildart repräsentieren. Ist eine der Schaltflächen aktiviert und wird in Folge auf ein bestimmtes Bild geklickt, so ist dieses eindeutig charakterisiert. Der Bildselektor soll als Werkzeug implementiert werden, so dass er jederzeit aufrufbar ist. Jede Bildart wird spezifischen Bildverarbeitungsroutinen unterzogen und durch einen signifikanten Rahmen gekennzeichnet. Die unbrauchbaren, bei denen beispielsweise Artefakte zu sehen sind oder die Scanebene verlassen wurde, werden außerdem in ihrer Helligkeit reduziert. Danach fallen sie aus jeglicher weiteren Betrachtung heraus. Baseline-Bilder erhalten zuerst einen blauen Rahmen und werden dann einem Median-Filter ausgesetzt, um das bei US übliche Rauschen zu minimieren. Danach werden diese einer Bewegungskorrektur unterzogen.

Es ist dafür der von TomTec angebotene Stitch-Algorithmus[1] zu verwenden, welcher eine Translation und Rotation zwischen 2 vom Inhalt her ähnlichen Bildern berechnet. Eigene Konturfindungsalgorithmen sind nicht zu implementieren. Anschließend wird ein Mittelwertbild aus allen Baseline-Bildern berechnet. Dieses Bild kann zuverlässig als Hintergrund der Kontrastaufnahmen betrachtet werden. Von allen Kontrastbildern, die durch einen weißen Rahmen gekennzeichnet sind, wird im nächsten Schritt, nach einer wiederholten Bewegungskorrektur, das Mittelwert-Baseline-Bild subtrahiert. Diese Subtraktion soll skalierbar sein, das heißt, man kann den prozentualen Anteil des Hintergrundbildes an der Subtraktion bestimmen. Diese Bilder können dann durch quantifizierende Maßnahmen evaluiert werden. Weiterhin sollte es zu jeder Zeit möglich sein, Helligkeit und Kontrast aller Bilder anzupassen. Eine Zoomfunktionalität soll es erlauben, interessierende Bildregionen aus der Nähe zu betrachten. Die Bilder können außerdem in einem Vollbild-Modus einzeln betrachtet werden. Ein Doppelklick auf ein interessierendes Bild signalisiert einen Wechsel zwischen Vollbild und Einzelbild.

Quantitative Analyse

Nachdem alle Kontrastbilder vorverarbeitet sind, soll es dem Arzt möglich sein, verschiedene ROI auf einem repräsentativen Bild zu positionieren. Deren Farbe variiert automatisch. Die ROI sind mittels eines Spline-Verfahrens zu zeichnen, indem man durch Mausklick die Kontrollpunkte eines natürlichen kubischen Splines definiert. Die

Verbindungslinien der Punkte werden dann interpoliert. Eine Definition der ROI mittels in der Anforderungsanalyse erwähnten Masken in Form von ASE-konformen Regionen (→ Punkt 4.1), soll nicht herangezogen werden. Nun wird die mittlere Intensität aller Pixel innerhalb einer ROI bestimmt. Dies wird für jede ROI und bei allen selektierten Kontrastbildern durchgeführt. Um sicher zu stellen, dass auf jedem Bild an der gleichen Position des Myokards gemessen wird, ist wieder eine Bewegungskorrektur erforderlich. Die somit generierte Reihe von Intensitätswerten wird dann in einem Diagramm als Intensitäts-Zeit-Kurve für jede ROI eingetragen. Zwischenwerte werden durch eine Spline-Funktion oder linear interpoliert. Durch Mausklick auf einen beliebigen Punkt einer Kurve sollen Intensitätswert und Bildnummer des naheliegendsten Messwertes dargestellt werden.

Regionen mit gering ansteigender Intensitätskurve können folglich als nekrotisch oder schlecht durchblutet interpretiert werden. Quantifizierung mittels Curve-Fitting, welches die in Punkt 4.1.1 - Quantitative Analyse beschriebenen Parameter berechnen kann, soll aus Zeitgründen ebenfalls nicht implementiert werden.

4.3 Implementierung

In der letzten Entwicklungsphase erfolgte schließlich die Umsetzung in ein unter Windows 2000 ausführbares Programm und ein partieller Funktionstest.

4.3.1 Programmstruktur und Algorithmen

Die Applikation wurde streng nach den Vorgaben des Pflichtenhefts und den TomTec-Entwicklungsrichtlinien umgesetzt. Die funktionalen Einzelkomponenten und die Problemlösung werden im folgenden anhand des gefundenen Arbeitsablaufes einer Evaluation von Kontrastdaten erklärt. Der Benutzer wird innerhalb der Applikation mit Hilfe der Workflow-Schaltflächen des Benutzerdialoges, Schritt für Schritt durch die zu erledigenden Aufgaben geführt.

Als Ausgangssituation bestand eine Art Rahmenprogramm, welches eine Grundfunktionalität zum Einlesen von 3D-Bilddaten und deren Visualisierung aufwies. Dieses wurde an die Bedürfnisse einer 2D-Applikation adaptiert.

Bilddaten einspielen und visualisieren

Das Einlesen wird mit dem Drücken auf eine Schaltfläche, die mit einem Ordnersymbol gekennzeichnet ist, gestartet. Es öffnet sich ein standardgemäßer Dateiöffnungsdialog, der es erlaubt, Dateien vom gewünschten Typ zu selektieren. Nach einer Bestätigung übernimmt das Modul Import/Export das Einführen der Bilddaten in die Applikation. Es erstellt aus den Daten einen Clip, aus dem dann ein diskretes Volumen extrahiert wird. Dabei werden Länge, Breite und Farbtiefe der Einzelbilder an den ViewManager übergeben, woraus sich die Gesamtgröße eines Bildes in Byte ergibt. Die dritte Dimension bestimmt in dieser Anwendung einen einzelnen Zeitabschnitt, also ein Einzelbild. Zur Darstellung einer Bildübersicht wurden 20 einzelne Views erstellt, an welche der ViewManager die Bilddaten, je nach Position innerhalb des Datensatzes, weiterleitet. Wenn ein Datensatz mehr als 20 Bilder beinhaltet, kann mittels einer Scrollbar zwischen ihnen manövriert werden. Die Größe des Wertebereichs der Scrollbar entspricht der Anzahl der Einzelbilder und sein aktueller Wert bestimmt die Position des ersten angezeigten Bildes. Der Übersichtsdialog ist in Abbildung 4-14 dargestellt.

Bildselektion

Die Bildselektion ist der nächste Schritt im vorgegebenen Workflow. Um die Bildart festzulegen und signifikant zu visualisieren, ist eine Interaktion der Objekte View, ViewManager und ImageProperties notwendig. Die genaue gegenseitige Einwirkung ist im Sequenzdiagramm der Abbildung 4-13 einsehbar.

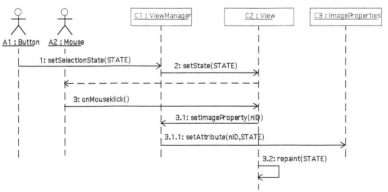

Abbildung 4-13: Sequenzdiagramm zur Selektion der Bildart

Der Akteur „Button" gehört zur Schaltflächengruppe des Bildselektors. Durch ihn wird der ViewManager beispielsweise in den Zustand „Kontrast" überführt und außerdem innerhalb der Views der Verarbeitungsschritt „Bildselektion" eingeleitet. Wird nun durch den zweiten Akteur, die Maus, auf einen View geklickt, so registriert dieser die Aktion und übergibt seine Identifikationsnummer an den ViewManager. Dieser kann durch die Angaben Identifikationsnummer und Wert der Scrollbar eine eindeutige Position des betreffenden Bildes innerhalb Datensatzes ableiten. Er vermerkt diese Angaben in der ImageProperties-Klasse und löst ein Ereignis zum Neuzeichnen aus. Da jeder View im Observer-Objektbaum verzeichnet ist, bekommen sie alle diese Information und führen dann je nach Zustand eine signifikante Zeichenroutine aus. Die resultierenden unterschiedlichen Darstellungen der Bildart und der grundsätzliche Aufbau des Dialoges sind in Abbildung 4-14 zu sehen.

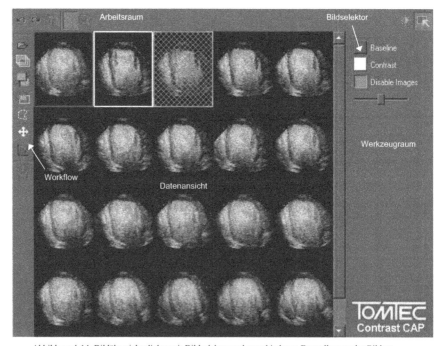

Abbildung 4-14: Bildübersichtsdialog mit Bildselektor und verschiedenen Darstellungen der Bildart

Bewegungskorrektur

Die Korrektur der vom Arzt oder Patienten verursachten Translation oder Rotation zwischen zwei Bildern wird mit dem von TomTec bereitgestellten *Stitch*[32]-Algorithmus durchgeführt. Er wurde ursprünglich von Dror Aiger und Daniel Cohen-Or im MedSim Institut der Universität Tel Aviv zum nahtlosen Aneinanderfügen von in Reihe aufgenommener US-Bilder entwickelt[1]. Der anspruchsvolle Algorithmus arbeitet mittels eines Gradientenverfahrens und signifikanten Erweiterungen, nämlich Multiauflösungsbeziehungsweise Lokalisierungstechniken. Aufgrund seiner Komplexität soll er nicht tiefgründiger erläutert werden.

Grundsätzlich wird versucht, ein zuvor festgelegtes charakteristisches Fenster innerhalb eines Bildes, in der gesamten Region eines zweiten Bildes wiederzufinden. Es wird angenommen, dass beide Bilder nicht allzu verschieden ausgerichtet sind. Als Ergebnis wird die Translation in Form von Verschiebungskoordinaten und die Rotation als Drehwinkel zur Weiterverarbeitung geliefert. In der Applikation übernimmt die Steuerung wiederum der ViewManager, der die Berechnung durch einen Zugriff auf die IPL vor jeder Bildverarbeitungsroutine für die betreffenden Bilder startet. Die verhältnismäßig lange Berechnungszeit impliziert diese Aufteilung. Die Bewegungsdaten werden dann in die Datenhaltungsklasse ImageProperties geschrieben. Dies geschieht in der Form, dass die Verschiebung von zwei aufeinander folgenden Bildern gespeichert wird, jedes Einzelbild erhält Informationen über die relative Bewegung in Pixeln zum Vorgänger. Diese kann dann für alle Bilder kumuliert und somit für Visualisierung und Messung verwendet werden.

Berechnung des Mittelwert-Baseline-Bildes

Diese Berechnung ist eine Operation der Klasse TDProcess des Moduls IPL. Für diese sind mindestens 2 Baseline-Bilder erforderlich. Es werden alle Pixelintensitäten nach Bewegungskorrektur addiert und danach durch die Anzahl der Baseline-Bilder dividiert. Die Berechnung erfolgt auf Bit-Ebene mittels Zeigerarithmetik. Die Bilder liegen in einem Array von 8 Bit Integerwerten. Einem Pixel entsprechen 8 Bit, was eine Auflösung in 256 Graustufen bedeutet. Mit der Information von Länge und Breite eines Bildes kann bequem auf Einzelbilder und -pixel zugegriffen werden. Es ergibt sich das

---

[32] Engl.: nähen, heften

Hintergrundbild, welches an den Bilddatensatz angefügt wird und für spätere Berechnungen bereit steht. Der Algorithmus ist in Abbildung 4-15 als Struktogramm (Nassi-Shneiderman-Notation) dargestellt.

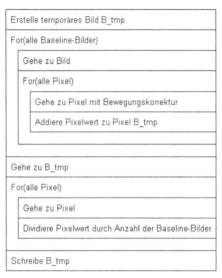

Abbildung 4-15: Struktogramm Berechung Mittelwert-Bild

Das Bild selbst kann in Punkt 5.2 einem klinischen Anwendungsbeispiel entnommen werden.

Hintergrundsubtraktion von den Kontrastbildern

Bei der Hintergrundsubtraktion ist wiederum eine Interaktion von GUI, ViewManager und IPL erforderlich. Der prinzipielle Ablauf ist der, dass das zuvor erstellte Mittelwertbild von allen selektierten Kontrastbildern subtrahiert wird. Mittels eines Slider-Elementes namens „Threshold", kann der Benutzer diese Subtraktion entweder skalieren oder den Nullpunkt der Subtraktion in positive Richtung verschieben. Details der Berechung sind in Abbildung 4-16 dargestellt. Wird der Slider in positive Richtung verschoben, so wird sein Wertebereich als Nullpunktverlegung betrachtet. Dies bedeutet, dass mit ansteigender Einstellung Pixel eher aus dem resultierenden Subtraktionsbild herausfallen. Mathematisch drückt dies aus, dass das Ergebnis der Subtraktion nur im Bild als Pixel dargestellt wird, wenn es größer als der eingestellte Schwellwert ist. So-

59

mit ist eine relative Verstärkung der Subtraktion einstellbar. In negativer Slider-Richtung geschieht eine prozentuale Skalierung der vorliegenden Subtraktion. Dies impliziert, dass nur der eingestellte prozentuale Anteil des Hintergrundbildes vom Kontrastbild subtrahiert wird.

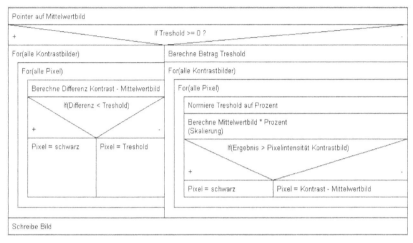

Abbildung 4-16: Struktogramm der Subtraktion des Mittelwertbildes von den Kontrastbildern

Insgesamt ist das Ergebnis eine weitgehend transparente Subtraktion, die der Benutzer nach seinen Bedürfnissen steuern kann, um bestimmte Regionen hervorzuheben oder aus der Betrachtung herausfallen zu lassen. Das subtrahierte Bild ist ein Verhältnisbild, welches den relativen Anstieg der Signalintensität zwischen Prä- und Postkontrastmitteladministration visualisiert, gegeben durch die logarithmische Skalierung der US-Messwerte, was in Punkt 4.1.1 - Quantitative Analyse beschrieben ist.

Definition von ROI und Berechnung

Die Erstellung einer ROI mittels eines Splines ist eine Interaktion mehrerer Objekte (Abbildung 4-17). Ist das View-Objekt im Zustand der Erstellung von ROI und tritt ein Mausereignis auf, überprüft es, ob schon ein Spline-Objekt existiert. Wenn nicht, dann wird eines erzeugt. Der UIDataManager als Observer wird darüber benachrichtigt, dass ein neues Datenobjekt existiert und er erstellt eine Instanz von UISpline zu seiner Anzeige. Sobald eine Veränderung des Datenobjektes stattfindet oder sonstige Zeichenereignisse auftreten, zeichnet UISpline seine Informationen in die Benutzeroberfläche.

Falls bereits eine Instanz eines Spline-Objektes besteht, wird kontrolliert, ob der Spline geschlossen ist, um im positiven Falle eine Neue zu erzeugen. Fällt die Überprüfung negativ aus, so wird ein Kontrollpunkt zum Spline hinzugefügt. Tritt ein Doppelklick auf, so wird der Spline geschlossen und als mathematisches Modell mit Information über die Position der Kontrollpunkte im Datenbaum aktualisiert.

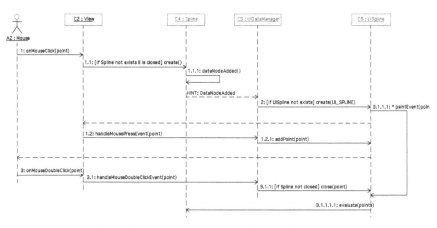

Abbildung 4-17: Sequenzdiagramm zur Erstellung von Splines

Im nächsten Arbeitsschritt ist für jede ROI die mittlere Pixelintensität zu berechnen. Dazu werden die Daten des Splines vom ViewManager in ein Polygon umgewandelt und an die Funktion *calculateMeanIntensity()* der IPL-Klasse TDProcess übergeben. Es besteht folgende Vorgehensweise. Als erstes wird für das Polygon ein umgebendes Rechteck bestimmt, um die darauf folgende Scankonvertierung zu optimieren. Es wird entschieden, ob ein Punkt einer waagerechten Linie des Rechtecks innerhalb des Polygons liegt oder nicht. Bei positiver Bewertung werden seine Koordinaten in ein Feld von Punkten zwischengespeichert. Danach werden für alle Subtraktionsbilder und gespeicherten Punkte die Pixelintensitäten aufsummiert und durch die Anzahl der Pixel dividiert. Es ergibt sich somit die mittlere Pixelintensität innerhalb einer ROI. Das Ergebnis wird wiederum für jedes Bild und jede ROI in die Datenhaltungsklasse Image-Properties eingetragen. Abbildung 4-18 stellt den Algorithmus zur Berechung dar.

61

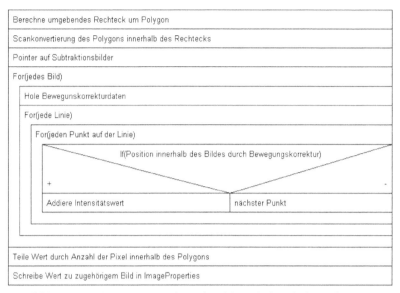

Abbildung 4-18: Struktogramm zur Berechnung der Mittleren Pixelintensität innerhalb einer ROI

Die Realisierung der ROI-Definition und ihr Erscheinungsbild im Benutzerdialog können in Punkt 5.4 betrachtet werden.

Auswertung

Die Darstellung der Messwerte ist für den Benutzer der letzte Schritt im Workflow. Programmintern wird durch Drücken der Diagramm-Schaltfläche die Dialogklasse TDCharting initialisiert. Diese kapselt das QWT-Paket. Sie greift auf die errechneten Intensitätsdaten der Klasse ImageProperties und übergibt diese als Feld von Integer-Werten an ein QwtCurve-Objekt der Klasse QwtPlot (→Abbildung 4-10: Klassendiagramm von QWT (UML-Notation)). Mittels diverser Member-Funktionen kann das äußere Erscheinungsbild, wie Kurvenfarbe, Skala, Legende, gesteuert werden. Die Darstellung der Werte übernimmt das QWT-Paket jedoch völlig eigenständig.

Da mit einem Mausklick auf ein Kurvensegment, eine Anzeige des naheliegendsten Messwertes mit zugehöriger Bildnummer erfolgen soll, ist eine zusätzliche Ereignisfunktion zu implementieren. Dies gestaltet sich nicht sehr kompliziert, da alle QWT-Klassen von QObject abgeleitet sind, was eine Nutzung des ereignisgesteuerten Nachrichtensystems von QT impliziert. Es wurde eine Ereignisfunktion *void slotPlotMouse-*

Pressed(const QmouseEvent &e) in die Klasse TDCharting eingefügt. Diese ist an das Signal *void plotMousePressed(const QmouseEvent &e)* von QwtPlot gekoppelt und verarbeitet Mausaktionen. In diesem Falle bestimmt sie den Wert des Mausklick-Punktes innerhalb des Diagramms und übergibt diesen an die QwtPlot-Member-Funktion *QPoint closestCurve(QPoint)*. Als Rückgabewert wird dann das nächstliegende Wertepaar zum Punkt berechnet. Dieses wird mittels eines Markers im Diagramm hervorgehoben und die Werte in der rechten unteren Ecke des Diagramms dargestellt. Ein Beispiel kann Punkt 5.5 entnommen werden.

Zusätzliche Funktionalität

Als erweiterte Funktionalität werden Elemente für den Zoom, das manuelle Verschieben von Bildern, die Rücksetzung der Applikation und die Helligkeits- beziehungsweise Kontrasteinstellung aus dem Rahmenprogramm übernommen und teilweise angepasst. Sie sollen nur in ihren Grundzügen erläutert werden, da die Basisfunktionalität im Vordergrund der Arbeit steht.

Am einfachsten gestaltete sich das Adaptieren der Rücksetzungsfunktion. Zu Programmstart wird lediglich das erstellte Datenvolumen kopiert. Bei einem Rücksetzungsereignis wird das aktuelle Volumen gegen das gesicherte Original im Datenbaum ausgetauscht. Alle Observer aktualisieren sich daraufhin selbständig und die Applikation wird in den Ausgangszustand versetzt.

Komplizierter gestaltet sich die Helligkeits- beziehungsweise Kontrasteinstellung. Bei Veränderung mittels jeweils einem *Slider*[33], wird die interne Lookup-Tabelle für Grauwerte modifiziert. Sie agiert applikationsintern als Subjekt. Bei der Darstellung eines Bildes werden alle Grauwerte des Bildes auf denen der Lookup-Tabelle abgebildet (Abbildung 4-19, A).

Bei einer Helligkeitsverstärkung wird dann beispielsweise die Grauwertverteilung der Lookup-Tabelle in der Form um einen Offset verschoben, dass die helleren Werte verstärkt in der Verteilung vorkommen. Ein Bildpixel des Wertes 5 bekommt dann zum Beispiel schon die Intensität 50 zugeordnet, es erfolgt also keine eineindeutige Zuordnung zwischen Lookup-Tabelle und Pixelwert mehr (Abbildung 4-19, B). Für eine Kontrastverstärkung wird die Original-Grauwertverteilung gestaucht, was eine Verringerung der Anzahl von Grauwerten in der Verteilung der Originalintensitäten und eine Gleich-

---

[33] Engl.: Schieberegler

verteilung auf die Lookup-Tabelle bedeutet (Abbildung 4-19, C). Für die Bearbeitung dieser Aufgaben sind jeweils Objekte des Moduls „Rendering" zuständig.

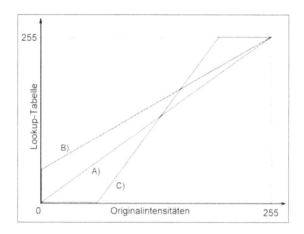

Abbildung 4-19: Zuordnung der Bildintensitäten zu Intensitätswerten der Lookup-Tabelle.
A) linear, B) Helligkeitsverstärkung, C) Kontrasterhöhung

Um eine Zoomfunktionalität zu gewährleisten, muss der Viewport der Ansicht modifiziert werden. Dazu besitzt jeder View ein Objekt ViewPlane, in dem diese Informationen zur Darstellung enthalten sind. Die Anwendung wird in den Zustand „Zoom" versetzt und wartet dann auf Mauseingaben. Der Benutzer klickt auf ein Bild, hält den Mausbutton gedrückt und bewegt die Maus nach links oder rechts. Der zurückgelegte Weg hat je nach Richtung eine relative spatiale Veränderung, entweder Entfernung oder Annäherung, des Viewports zur Folge, was für den Benutzer als Vergrößerung oder Verkleinerung des Bildes sichtbar wird. Die Zoomfunktionalität wird gleichzeitig auf alle Bilder in der Übersicht angewendet. Bei einer Anwendung der manuellen Verschiebung eines Bildes wird der Viewport in seiner horizontalen oder vertikalen Ausrichtung verändert. Das Bild wird somit aus der Ansicht heraus- beziehungsweise hereingeschoben.

4.3.2   Datenbeschaffung

Die Organisation von brauchbarem Bildmaterial gestaltete sich äußerst schwierig. Dies ist durch den sehr speziellen Ansatz und den erhöhten Forschungsaufwand für Kliniken begründet. In Deutschland besitzt eine US-Kontrastmittel-Untersuchung immer noch einen besonderen Status. Der CA wird beispielsweise nur als Erweiterung zu einer herkömmlichen Untersuchung angesehen und somit auch nur in diesem Fall von den Krankenkassen erstattet. Es gelang mit mehreren klinischen Partnern in Kontakt zu treten, von denen jedoch bis zum heutigen Tag kein Material eingetroffen ist. Das erhaltene Datenmaterial von OEM-Partnern war wenig oder gar nicht brauchbar, da oft keinerlei Baseline-Bilder aufgenommen wurden. Lediglich ein adäquater Datensatz im DICOM-Format konnte beschafft werden, der allerdings ebenfalls nicht vollständig ist[34].

Es ist deshalb eine umfangreiche Nachbearbeitung notwendig. Dies beinhaltet zuerst die Zusammenstellung von getriggerten Einzelbildern aus dem erhaltenen Clip. Der Clip enthält Informationen über das EKG des Patienten, mit deren Hilfe eine Triggerung von Hand durchgeführt werden kann. Der Einfachheit halber erfolgt diese auf die R-Zacke innerhalb des EKGs. Aus den auf diese Weise selektierten Einzelkontrastaufnahmen werden dann Baseline-Bilder abgeleitet. Die Kontrastaufnahmen werden um 30% in Helligkeit und Kontrast reduziert. Innerhalb des Lumens des linken Ventrikels erfolgt eine Absenkung des Grauwertniveaus hoher Pixelintensitäten, da dort der vorhandene CA besonders stark zur Geltung kommt. Die in dieser Art und Weise bearbeiteten US-Aufnahmen werden als künstliche Baseline-Bilder dem Datensatz hinzugefügt. Danach erfolgt eine Umwandlung in eine *.IMA-Datei.

Für die Überprüfung der Funktionsweise von Gesamtapplikation und Algorithmen, sowie für die Durchführung von Probemessungen, ist der Datensatz völlig ausreichend. Dies wird im folgenden Kapitel erörtert. Dennoch ist eine weitere Evaluierung der Applikation anhand realer klinischer Beispiele zwingend notwendig.

---

[34] Acuson Corporation, Mountain View, USA

5 Ausgewähltes Anwendungsbeispiel

Aufgrund der in Punkt 4.3.2 genannten Gründe kann eine Validierung der Software nur mit einem künstlich erstellten Bilddatensatz durchgeführt werden. Er besteht aus drei Baseline-Bildern und 22 Kontrastaufnahmen eines Patienten, der einen akuten Herzinfarkt erlitten hat. Die Akquisition erfolgte mittels Pulse Inversion und wurde EKG-getriggert durchgeführt. Im folgenden wird eine Messung unter realen Bedingungen simuliert, wie sie auch mit klinischem Datenmaterial ablaufen würde.

5.1 Selektion der Bildart

Dieser erste Arbeitsschritt beinhaltet die Auswahl der zur Klassifikation notwendigen Bildart. Es werden die drei vorhandenen künstlichen Baseline-Bilder und die 22 realen Kontrastaufnahmen mittels des Bildselektors ausgewählt. Eine Darstellung des Sachverhaltes ist in Abbildung 4-14 zu betrachten.

5.2 Erstellung des Mittelwert-Baseline-Bildes

Aus den drei modifizierten Baseline-Bildern (→ Punkt 4.3.2) wird im nächsten Schritt das Mittelwert-Baseline-Bild berechnet. Eines der Originale und das resultierende Bild sind in Abbildung 5-1 zu sehen.

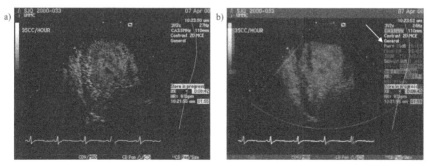

Abbildung 5-1: Beispiel eines Baseline-Bildes (a) und berechnetes Mittelwert-Baseline-Bild (b).

Deutlich ist ein Unterschied in der Schärfe der Bilder zu bemerken, was in der Bildung des Mittelwertes begründet ist. Besonders gut ist dies bei genauerer Betrachtung der Patientendaten und US-Geräteeinstellungen (Pfeil) zu beobachten.

5.3 Hintergrundsubtraktion

Das soeben erstellte Hintergrundbild ist nun von allen Kontrastbildern zu subtrahieren. Ein Beispiel mit stark skalierter Subtraktion ist in Abbildung 5-2 dargestellt.

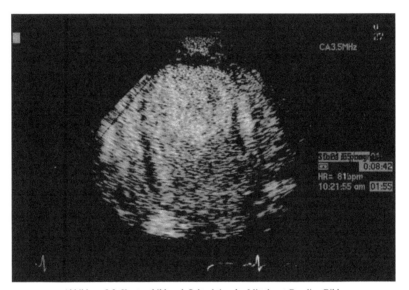

Abbildung 5-2: Kontrastbild nach Subtraktion des Mittelwert-Baseline-Bildes

Dieses Verhältnisbild zeigt die Veränderung von Prä- zu Post-Kontrastmitteladministration. Die Pixelintensität ist bedeutend reduziert. Bei einem realen Datensatz wäre jedoch eine geringere Absenkung der Pixelintensität innerhalb des Myokards zu bemerken, da in den hier vorliegenden manipulierten Baseline-Bildern zwar Helligkeit und Kontrast verringert wurden, dennoch aber ein gewisses Grauwertniveau vorherrscht. Es wird deshalb im Verhältnis zu Regionen, wie beispielsweise dem Lumen des Ventrikels, zu viel Intensität subtrahiert. Durch eine weniger ausgeprägte Skalierung der Subtraktion kann dies ausgeglichen werden. Mit einem Messfehler ist jedoch zu rechnen.

5.4 Definition von interessierenden Regionen

Innerhalb eines ausgewählten Bildes werden nun ROI gezeichnet (→ Abbildung 5-3). Zur Verdeutlichung des Sachverhaltes genügt eine Beschränkung auf zwei signifikante Regionen des Myokards (gelb: apikale Region, rot: rechtes Myokard).

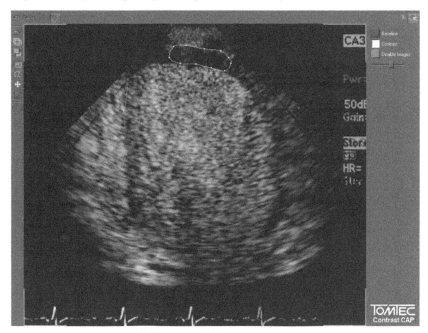

Abbildung 5-3: Definition zweier ROI

5.5 Auswertung der Messwerte

Als letzter Schritt in der Applikation werden die Messergebnisse der Einzelbilder in einem Diagramm dargestellt (→ Abbildung 5-4). Eindeutig ist ein geringerer Intensitätsverlauf der Kurve von ROI 1 (gelb) im Vergleich zur Kurve von ROI 2 (rot) festzustellen. Dies lässt auf einen myokardialen Perfusionsdefekt in der apikalen Region schließen. Nachträglich wurde diese Diagnose mittels Szintigraphie bestätigt. Insgesamt kann in dieser Bildserie durch den Anstieg der Kurven auf ein Einspülungsverhalten des CA in das Myokard vermutet geschlossen werden. Die verhältnismäßig starken

Schwankungen der Messwerte lassen sich durch die Handtriggerung der Bilder auf die R-Zacke des Herzzyklus erklären. In dieser Phase besteht durch die Kontraktion des Myokards die größte Ungenauigkeit. Geringe Zeitabweichungen der Triggerung wirken sich sehr stark auf die Position des Myokards und das Blutvolumen innerhalb der intra-myokardialen Gefäße, und damit die Konzentration an Kontrastmittel aus. Es kann dennoch eindeutig zwischen gut durchblutetem und potentiell nekrotischem myokardialen Gewebe unterschieden werden.

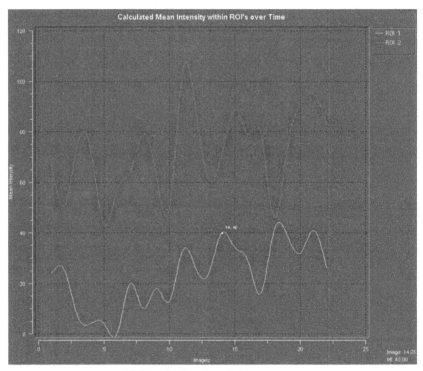

Abbildung 5-4: Darstellung der Messwerte

6 Zusammenfassung und Diskussion

6.1 Ergebnisse

Das hier vorgestellte Verfahren zur Evaluierung von Bildserien in der Kontrast-Echokardiographie erlaubt eine genaue Bestimmung von Parametern der myokardialen Perfusion. Dazu wurde ein Softwarepaket erstellt, welches dem Arzt die Ableitung der Parameter erleichtern soll. Verhältnismäßig schnell und mit manueller Kontrolle kann er die durch den Ansatz von Sanjiv Kaul vorgeschriebenen Arbeitsschritte durchführen. Es ist dennoch ein großes Verständnis des komplizierten Sachverhaltes und eine genaue Umsetzung des Protokolls für Akquisition und Bildanalyse notwendig, um ein plausibles Messergebnis zu erreichen.

Die definierten Ziele des Pflichtenheftes wurden erreicht. Die Anwendung ermöglicht momentan das Einlesen von Bilddatensätzen der Firma TomTec. Wichtige Funktionalität der Bildmanipulation, wie Bewegungskorrektur, Erstellung des Mittelwert-Hintergrundbildes oder Hintergrundsubtraktion wurden implementiert und sind funktionsfähig. Der Intensitätsanstieg kann in vom Benutzer vorgegebenen Arealen visuell und messtechnisch eingeschätzt werden. Dadurch kann prinzipiell klar zwischen gesundem und nekrotischem Gewebe unterschieden werden. Die Implementierung eines mathematischen Modells zur Bestimmung der Perfusionsparameter MBV, MV und MBF durch ein Kurvenanpassungsverfahren wurde aufgrund des großen Projektumfanges in der verhältnismäßig knappen Zeit nicht erreicht. Der Arzt muss demzufolge die gelieferten Messwertekurven manuell und im Vergleich zu anderen myokardialen Arealen bewerten.

Insgesamt besitzt die Software das Erscheinungsbild einer professionellen klinischen Applikation. Die Auswertung des Ansatzes von Sanjiv Kaul hat zur Umsetzung folgender Strategie für die Evaluation der Daten geführt:

1. Einlesen der Bildserie und Selektion
2. Bewegungskorrektur und Erstellung eines Mittelwert-Hintergrundbildes aus dem bestimmten Bildtyp „Baseline"
3. Bewegungskorrektur und Subtraktion des Mittelwert-Hintergrundbildes von allen Bildern des Typs „Kontrast"

4. Manuelle Definition von ROI auf einem signifikanten Bild

5. Bewegungskorrektur und Berechnung der mittleren Intensität für jede ROI in jedem Bild

6. Darstellung der Messergebnisse als Intensitäts-/Zeit-Kurve

Wird dem vorgegebenen Workflow streng gefolgt, so arbeitet die Software stabil. Dennoch ist keinerlei Absicherung für unvorhergesehene Aktivitäten des Benutzers implementiert, was in diesem Falle zu einem Absturz der Applikation führen kann. Durch den eingeschränkten Funktionstest kann in der Betrachtung und Bewertung lediglich von einem Prototypen ausgegangen werden.

6.2 Wertung und Ausblick

Bildserien in der Kontrast-Echokardiographie erlauben eine umfangreiche visuelle Einschätzung der Herzfunktion und möglicher pathologischer Prozesse, wie Wandbewegung, Thrombi oder Myokardinfarkte. Durch die Erweiterung der US-Untersuchung mit Kontrastmittel sind zusätzliche Parameter der Perfusion, wie beispielsweise der MBF, sichtbar und messtechnisch ableitbar. Die Ergebnisse einer Messung mit der erstellten Software müssen jedoch kritisch bewertet werden, da keine klinische Erhebung zum Vergleich mit anderen Modalitäten herangezogen wurde. Ebenfalls wurde keine vollständige Produktvalidierung zur Überprüfung implementierter Algorithmen und Funktionalitäten durchgeführt. Dies impliziert eine nicht vorhandene Marktreife. Für die Firma TomTec kann die Erstellung des Prototypen als erster Schritt in das Marktsegment der Kontrast-Echokardiographie jedoch als Erfolg gewertet werden.

Innerhalb des Workflows der Software sind umfangreiche Modifikationen und Erweiterungen denkbar. Es könnte beispielsweise ein weiterer Arbeitsschritt eingeführt werden, welcher dem Arzt die Validierung der Bewegungskorrektur ermöglicht. Dies könnte mit einem neuen Dialog nach der Positionierung der ROI erreicht werden, der die Bilder in einer Übersicht mit den ROI zeigt. Der Arzt könnte schnell beobachten, ob sich alle ROI an definierter Stelle des Myokards befinden und mögliche manuelle Korrekturen durchführen.

Um am Markt bestehen zu können, muss die Software allerdings konsequent weiterentwickelt werden. Es ist abzusehen, dass ohne Unterstützung der Real-Time-Modalitäten, wie Power Pulse Inversion oder Power Modulation, kein Erfolg zu erzielen ist. Der Ansatz der Bildnachbearbeitung beziehungsweise -auswertung von Grauwertbildern aus Harmonic B-Mode- und Pulse Inversion-Akquisitionen ist demzufolge obsolet, da sie potenziell geringere Sensitivität und Spezitivität besitzen[5]. Durch den Ansatz von Dr. Sanjiv Kaul wurden diese Parameter mit komplizierten und aufwendigen Methoden der Bildverarbeitung nur künstlich angehoben.

Als zusätzliche Erweiterung könnte ein umfangreiches Quantifizierungspaket mit einem Curve-Fitting-Verfahren in Frage kommen. Darüber hinaus ist die Erstellung von para-metrisierten Bildern, die farbkodiert Werte von MBV, MV und MBF innerhalb der ver-schiedenen ROI darstellen, durchführbar.

Insgesamt ist die Messung von Perfusionsparametern mittels der Myokardialen Kon-trast-Echokardiographie ermutigend und bietet für die Zukunft möglicherweise die er-hoffte schnelle Einschätzung von Herzerkrankungen in der klinischen Praxis. Es sollte daher weiter in diesem Bereich geforscht werden und parallel komplexe Softwarelösun-gen präsentiert werden, um eine größere Akzeptanz der Methode im klinischen Alltag zu erlangen.

Literaturverzeichnis

[1]   AIGER D, COHEN-OR D. Mosaicing Ultrasonic Volumes for Visual Simulation. *IEEE Computer Graphics and Applications*, 2000, 2: 53-61.

[2]   ATL MEDICAL SYSTEMS. Real Time Perfusion: Technology Information. *http://www.atl.com/ATLAdvancedApps/Cardiology/Realtime_Perfusiontech.asp*, 2001.

[3]   BALZERT H. Lehrbuch der Objektmodellierung, *Spektrum Akademischer Verlag*, 1999.

[4 ff] BECHER H, BURNS PN. Handbook of Contrast Echocardiography: LV Function and Myocardial Perfusion. *Springer*, 2000.

[5]   BURNS PN. Myocardial Contrast Echocardiography - The Future. *VI. European Symposium on Ultrasound Contrast Imaging - Abstractbook, Erasmus Université Rotterdam*, 2001, 41-42.

[6]   BEPPU S, MATSUDA H, SHISHIDO T ET AL. Functional Myocardial Perfusion Abnormality Induced by Left Ventricular Asynchronous Contraction: Experimental Study Using Myocardial Contrast Echocardiography. *Journal of American College of Cardiology*, 1997, 29(7): 1632-8.

[7]   BROCHET E, CZIROM D, KARILA-COHEN D ET AL. Early Changes in Myocardial Perfusion Patterns After Myocardial Infarction: Relation With Contractile Reserve and Functional Recovery. *Journal of American College of Cardiology*, 1998, 32(7): 2011-17.

[8]   CWAJG J, KRICSFELD D, PORTER TR ET AL. Detection of Angiographically Significant Coronary Artery Disease with Accelerated Intermittend Imaging After Intravenous Administration of Ultrasound Contrast Material. *American Heart Journal*, 1997, 139(4): 675-83.

[9]   DE JONG N, FRINKING PJA, TEN CATE FJ. Detection procedures of ultrasound contrast agents. *Ultrasonics*, 2000, 83: 87-92.

[10]   DY T, FEINSTEIN SB, CHENG S. Contrast Echocardiography: Review and Future Directions. *American Journal of Cardiology*, 1998, 81: 41-48.

[11]   FEINSTEIN SB, SHAH PM, BING RJ ET AL. Microbubble dynamics visualized in the intact capillary circulation. *American Journal of Cardiology*, 1984, 4: 595-600.

[12] FIRSCHKE C, LINDNER JR, GOODMAN NC ET AL. Myocardial Contrast Echocardiography in Acute Myocardial Infarction Using Aortic Root Injections of Microbubbles in Conjunction With Harmonic Imaging: Potential Application in the Cardiac Catheterization Laboratory. *Journal of American College of Cardiology*, 1997, 29(1): 207-16.

[13] GAMMA E, HELM R, JOHNSON R ET AL. Design Patterns: Elements of Reusable Object-Oriented Software. *Addison Wesley Longman Publishing Co*, 1996.

[14] GENERAL ELECTRIC MEDICAL SYSTEMS. Ultrasound Technology: Harmonic Imaging. *http://www.gemedicalsystems.com/rad/us/pdf/msuhimag.pdf*, 1997, 1-6.

[15] GRAMIAK R, SHAH PM. Echocardiography of the Aortic Root. *Investigations in Radiology*, 1968, 3: 356-66.

[16] HORCHER J, BLASINI R, MARTINOFF S. Myocardial Oerfusion in Acute Coronary Sysndrome. *Circulation*, 1999, 99: e15.

[17] KAUL S. Myocardial Contrast Echocardiography: 15 Years of Research and Development. *Circulation*, 1997, 96: 3745-60.

[18] KOBASOFT. QWT Graphics Extension to QT. *www.sourceforge.net/projects/qwt*, 2001.

[19] LEHNER B. KDE- und QT-Programmierung. *Addison-Wesley Longman Verlag*, 1999.

[20] LINDNER JR, WEI K, KAUL S ET AL. Assessment of Resting Perfusion with Myocardial Contrast Echocardiography: Theoretical and Practical Considerations. *American Heart Journal*, 2000, 139(2): 231-40.

[21] LINKA AZ, WEI K, KAUL S ET AL. Three-Dimenional Myocardial Contrast Echocardiography: Validation of In Vivo Risk and Infarct Volumes. *Journal of American College of Cardiology*, 1997, 30(7): 1892-99.

[22] MAIN ML, GRAYBURN PA. Clinical Application s of Transpulmonary Contrast Echocardiography. *American Heart Journal*, 1995, 137(1): 144-53.

[23] MARCHANT J. Ultrasound: Microbubbles extend ultrasound applications. *Diagnostic Imaging Europe*, 2000, 5.

[24] MARWICK TH, BRUNKEN R, FLACHSKAMPF F ET AL. Accuracy and Feasibility of Contrast Echocardiography for Detection of Perfusion Defects in Routine and Praxis. *Journal of American College of Cardiology*, 1998, 32(5): 1260-69.

[25]   MASUGATA H, PETERS B DEMARIA A ET AL. Quantitative Assessment of Myocardial Perfusion
        During Graded Coronary Stenosis by Real-Time Myocardial Contrast Echo Refilling Curves.
        Journal of American College of Cardiology, 2001, 37(1): 262-69.

[26]   MCKAY RS, RUBISSOW G. Decrompression Studies using Ultrasonic Imaging of Bubbles. *IEEE
        Transactions on Biomedical Engineering*, 1978, 25: 2537-44.

[27]   MELTZER RS, TICKNER EG, SAHINES T ET AL. The Source of Ultrasound Contrast Effects.
        Journal of Clinical Ultrasound, 1980, 18: 121-27.

[28]   NAGUEH SF, VADUGANATHAN P, ALI N ET AL. Identification of Hibernating Myocardium:
        Comparative Accuracy of Myocardial Contrast Echocardiography, Rest Redistribution Thallium-
        201 Tomography and Dobutamine Echocardiography. *Journal of American College of
        Cardiology*, 1997, 29(5): 985-93.

[29]   OPHIR J, PARKER KJ. Contrast Agents in diagnostic ultrasound. *Medical Biology*, 1989, 15:
        319-33.

[30]   PORTER TR, LI S, KRICSFELD D ET AL. Detection of Myocardial Perfusion in Multiple
        Echocardiographic Windows with one Ontravenous Injection of Microbubbles using Transient
        Response Second Harmonic Imaging. *Journal of American College of Cardiology*, 1997, 29(4):
        791-99.

[31]   ROCCHI G, DEJONG N, KASPRZAK JD ET AL. Effect of Harmonic Imaging without Contrast on
        Image Quality of Transesophagal Echocardiography. *American Journal of Cardiology*, 1999,
        84(11): 1132-34.

[32]   RUBIN DN, YAZBEK N, GARCIA MJ ET AL. Qualitative and Quantitative Effects of Harmonic
        Echocardiographic Imaging on Endocardial Edge Definition and Side-Lobe Artifacts. *Journal of
        American Society of Echocardiography*, 2000, 13: 2012-18.

[33]   SCHERRER-CROSBIE M, LIEL-COHEN N, OTSUJI Y ET AL. Myocardial Perfusion and Wall
        Motion in Infarction Border Zone: Assessment by Myocardial Contrast Echocardiography.
        Journal of American Society of Echocardiography, 2000, 13: 353:57.

[34]   SCHMAILZL K. Kardiale Ultraschalldiagnostik. *Blackwell*, 1994.

[35]   SCHRÜFER E. Numerische Verarbeitung digitaler Signale. *Carl Hanser Verlag*, 1992.

[36]   SENIOR R, KAUL S, LAHIRI A ET AL. Power Doppler Harmonic Imaging: A Feaibilty Study of a New Technique for the Assessment of Myocardial Perfusion. *American Heart Journal,* 2000, 139(2):245-51.

[37]   VANNAN MA, KUERSTEN B. Imaging Techniques for Myocardial Contrast Echocardiography. *European Journal of Echocardiography.* 2000, 1: 224-26.

[38]   WEI K, LINKA A, JAYAWEERA AR ET AL. Basis for Detection of Stenosis Using Venous Administration of Microbubbles During Myocardial Contrast Ecnocardiography: Bolus or Continuous Infusion? *Journal of American College of Cardiology,* 1998, 32: 252-60.

[39]   WEI K, JAYAWEERA AR, LINKA A ET AL. Quantification of Myocardial Blood Flow With Ultrasound-Induced Destruction of Microbubbles Administered as a Constant Venous Infusion. *Circulation,* 1998, 97: 473-83.

[40]   WEISSMAN NJ, COHEN MC, HACK TC ET AL. Infusion Versus Bolus Contrast Echocardiography: A Multicenter, Open-Label, Crossover Trial. *American Heart* Journal, 2000, 139(3):399-404.

[41]   WU CC, FELDMAN MD, MILLS JD ET AL. Myocardial Contrast Echocardiography Can Be Used to Quantify Intramyocardial Blood Volume. *Circulation,* 1997, 96:1004-1011.

[42]   YAO J, TEUPE C, TAKEUCHI M ET AL. Quantitative 3-Dimensional Contrast Echocardiographic Determination of Myocardial Mass at Risk and Residual Infarct Mass After Reperfusion: Experimental Canine Studies with Intravenous Contrast Agent NC100100. *Journal of American Society of Echocardiography,* 2000, 13: 570-81.

[43]   ZISKIN MC, BONAKDAPOUR A, WEINSTEIN DP ET AL. Contrast Agents for Diagnostic Ultrasound. *Investigations in Radiology,* 1972, 7: 500-5.

www.ingramcontent.com/pod-product-compliance
Lightning Source LLC
La Vergne TN
LVHW092345060326
832902LV00008B/828